JN289436

コミュニティ

eデモクラシー・シリーズ

第3巻

岩崎正洋 Iwasaki Masahiro
河井孝仁 Kawai Takayoshi
田中幹也 Tanaka Mikiya
編

日本経済評論社

まえがき

コミュニティとは何か。コミュニティをつくるのは誰か。今、なぜコミュニティに注目するのか。コミュニティは、eデモクラシーとどのような関連があるのか。

本書は、一つの公共空間として、コミュニティをとらえている。人と人とのつながりこそがコミュニティの基本にあると考え、コミュニティの関係者たち（市民はもちろんのこと、自治体、NPOなど）が繰り広げる具体的な相互作用に注目している。

たとえば、地方自治体によるeデモクラシーの実現に向けた取り組みや、市民参加の促進などは、行政側に焦点を向けた議論である。

それに対して、NPO活動に注目し、彼らがコミュニティでどのような活動を行っているかを紹介した議論もある。NPOのみに注目することもあるし、NPOと市民とのかかわりあいや、NPOと行政とのかかわりあいにも注目することができる。

本書を通して明らかになるように、今日、人々は、二つのコミュニティにかかわりをもっている。一つは、実際に、自分自身が生活している物理的な空間である。それは、家庭でも職場でも、あるいは学校であってもかまわない。自分自身を取り巻く、現実の物理的な空間という意味でのコミュニティである。いいかえると、リアルスペース上のコミュニティのことである。たとえば、ある人が東京都千代田区で仕事をしたり、住居をかまえているとすれば、その人は、千代田区というコミュニティにかかわりをもっているといえる。

それに対して、もう一つのコミュニティは、ネットワーク上のコミュニティのことである。この場合は、必ずしも物理的な距離や空間に限定されることはない。インターネットに代表されるように、ネットワーク上のつながりを基本とするコミュニティである。いいかえるなら、サイバースペース上のコミュニティのことである。

たとえば、電子掲示板やメーリングリストなどを通じたコミュニケーションは、まさに、サイバースペース上の人間的なつながりをもたらす。フェイス・トゥ・フェイスでの交流がなくても、インターネット上のつながりだけで成り立つ人間関係は何ら珍しいものではない。その意味では、サイバースペースにもコミュニティが存在しうる。従来のリアルスペース上のコミュニティとは異なるものとして、ここでは、ネットワーク上のコミュニティと表現する。

今のところ、二つのコミュニティが同時に存在するとしても、今後、いずれか一方だけになるというわけではない。むしろ二つが共存し、人々は両方のコミュニティにかかわりをもって生きていくことになる。

さて、本書では、すでに目の前にある二つのコミュニティと、われわれは、どのようにかかわりをもつことができるのかについて、行政の取り組み、草の根レベルの実践、海外の先進事例という三つの視点から考えていく。

まず、第I部では、行政の取り組みとして、日本の先端的な事例の一つである三重県の電子会議室の事例と、岡山県岡山市での電子町内会の事例を紹介する。これらは、いずれも行政が旗振り役となりつつも、市民・住民の積極的な参加の実現を目指したものであり、情報通信技術（ICT＝Information and Communications Technology）を活用した民主主義の構築へ向けた試みといえる（なお本書ではＩＴではなく、基本的にＩＣＴという表現を用いる）。

第II部では、草の根レベルの実践として、まちづくり、災害支援などにＮＰＯがどのようにかかわっているかを、実際にＮＰＯに参加している立場から紹介している。そこでもＩＣＴが活用されているが、さらに、医療の分野でもＩＣＴが用いられている事例として、ｅセラピーについても解説している。

第III部では、海外の先進事例として、アメリカ合衆国、カナダ、韓国に注目し、各国の電子政府・電子自治体への取り組みを紹介している。これらの国々から日本が学ぶことのできる点は、数多くあると思う。

本書は、「ｅデモクラシー・シリーズ」全三巻のうちで第三巻にあたる。第一巻の『ｅデモクラシー』では、理論的にｅデモクラシーを考えたが、本書では、第二巻『電子投票』と同様に、具体例を中心にとり上げてｅデモクラシーを考えている。

このような新しい試みに対して、ご理解を賜り、全三巻の完結へと導いてくださったのは、日本経済評論社の栗原哲也社長、編集も担当された奥田のぞみさんである。本づくりが、出版社・編集者と著者との協働であることを実感するとともに、感謝の思いが募るばかりである。

二〇〇五年四月八日

岩崎正洋

eデモクラシー・シリーズ第3巻　コミュニティ◉目次

第Ⅰ部　行政の取り組み

第 1 章

電子会議室

田 中 幹 也

三重県のｅ-デモ会議室

三重県では、二〇〇二年五月三一日より「ｅ-デモ会議室」を設置、運営している。ｅ-デモ会議室は、インターネットを活用したオープンな電子会議室で、「県民の皆様の身近なテーマや地域が抱える課題などについて、県民がいつでも自由に意見を述べ、議論に参加できる新たな住民参画の場」と定義されている。

「ｅ-デモ」とは「ｅデモクラシー」の略で、親しみやすい名前とするべく、設置当初の各テーマ会議室の進行役兼管理者「ｅ-エディター」（基本的に、行政外に委嘱）の会議で決定された。ｅ-デモ会議室は、三重県が設置したもの（三重県民ｅ-デモクラシー構築事業）ではあるが、参加者主体の運営、将来的にはすべての管理を参加者（＝県民）主体で行うことを目指している。

三重県は、多くの点で中庸の指標を有する県である。温暖な気候で、伊勢神宮のお膝元に位置することからか、県民性も温和で、自己主張が少ないと言われている。そのような三重県で、行政、とくに都道府県の取り組みとしては、やや異色ともいえるインターネット上の電子会議室を開設するに至った背景には、市町村合併の進展もあるが、次のような経緯があった。

三重県では、ｅデモクラシーをいろいろな制約からこれまで政治参加の機会が少なかった人々に対し、新しい手段を提供することにより、参加を容易にしていくためのツールだと考えており、具体的には「情報公開を一歩進めたもの」という認識で進めている。

インターネット上で「住民の身近なテーマや地域の課題について、いつでも自由に意見を述べ議

図1-1　e-デモ会議室ウェルカムページ

出典：http://www.e-demo.pref.mie.jp/

論できる場」ならば、あえて行政が設けるまでもなく、すでにたくさんの電子掲示板やメーリングリストがある。なぜ、それを行政が進める必要があるのか。

安全・安心の確保

インターネットをめぐっては、さまざまな事件や事故が後を絶たない。詐欺、脅迫等の犯罪は言うに及ばず、個人情報の漏えい、反社会的な情報の流布など、インターネット初心者にとっては、不安に駆られるニュースが日々、紙面を賑わせている。

しかし、インターネットが提供する機能、情報により、生活の利便性が明らかに向上したことも事実である。さらに、通常は交流する機会がありそうもない、新たな情報や人材との出会いも、インターネットの大きな魅力となっている。

今、必要なものは、インターネット初心者がこれらの機能を駆使できるようになるまで、とりあえず不案内であっても安心して参加できる場だと考えられる。

住民の安全・安心の確保は、行政の最低限の責務である。すべての住民が、自分の力でインターネットを駆使できるようになるまで、安全で安心な場を確保することが、当面、行政がｅ-デモ会議室を進めていかなければならない第一の理由である。

積極的な情報公開／情報提供

確かにインターネット上には「住民の身近なテーマや地域の課題について、いつでも自由に意見を述べ、議論できる場」がたくさん存在するが、そういう場へ行政の担当者が正確な情報をタイムリーに提供することは稀である。たくさんありすぎてフォローしされず、また行政の情報提供にふさわしい場であるかどうか不明な場合が多いため、現状ではやむを得ないことだろう。

しかしながら、地域の課題を議論しようとするとき、行政の情報は欠かせない。行政の情報なしに進められる議論は、時に不正確な論調に偏り、地域のあるべき姿を把握できないものになりがちである。そこで、行政部門にある情報を、正確かつタイムリーに提供することが、ｅ-デモ会議室を三重県が設置した第二の理由である。

行政の情報公開は、時代と共に一定の進歩を続けており、今ではかなりの情報がウェブサイトに公開されている。しかし、公開されている情報量があまりに膨大となったため、住民から見れば、一体どこに必要な情報があるのかわからない、という状況に陥っていることもまた、事実である。

e-デモ会議室では、住民との直接コミュニケーションの中から、今、その人が必要とする情報を提供することを、行政の役割の一つとしている。

地域についての議論の場を設ける主体としては、県もあるが、より住民に近い市町村が進めたほうが相応しいようにも思われる。実際、成功事例とされる電子会議室には、神奈川県藤沢市、同大和市等、市町村が設置したものが多い。

ただ、たとえば藤沢市と大和市は隣接する自治体であるが、双方の電子会議室のシステムが異なるため、議論は各々の市内では活発になったが、市域を超えるにはいたっていない、との指摘もある。議論の基盤となるシステムは、もう少し広域で共有された方がよい、と三重県は考えた。

また、インターネットを用いたオープンな議論には、今までのコミュニケーションにはない独特なノウハウが求められる。まず、県がノウハウを獲得し、このノウハウとシステムを市町村に提供しようと考えたのが、e-デモ会議室である。

e-デモ会議室の目標

e-デモ会議室は、大きく分けて「住民自治」と「住民参画」の二つの目標を掲げている。

この二つは、県の長期総合計画「県民しあわせプラン」の理念「新しい時代の公《おおやけ》」を、住民どうしや住民と行政のコミュニケーションの中から実現していくための手段である。「県民しあわせプラン」は、「県民が主役の県政」、「県民との協働により創造する県政」、「県民と共に感性を磨く県政」という三つの基本姿勢を標榜している。

肥大化する行政機構に歯止めをかけ、効率的な行政サービスの提供を目指すべく、市町村合併が進行中である。これにともない地域の自治構造の再構築が喫緊の課題となっているが、多くの地域の担い手、とくに壮年層は遠くまで通勤する例が多いため、なかなか地域に溶け込めないという状況にある。通信手段の進歩は、これを解決する一手段となり得る。地域にいる時間が少なくても、最新の通信手段を駆使すれば、顔の見える地域のネットワークの一員となることが可能である。仕事場から町内会の情報を入手し、意見を発する。そのような「住民自治」の一手段となることを、e-デモ会議室は目指している。

また、これからの自治行政にとって「住民参画」が重要なキーワードとなることも間違いない。すでに、住民の意見を政策に反映させるためのチャネルとしては、各種の相談窓口のほか、手紙、電話、ファクシミリ、電子メール等、さまざまなものが用意されている。しかしながら、これらの手段は、個々の住民の声を行政が把握する手段としては機能するが、住民同士の議論の中から一定の方向性を見出して政策へ反映させるものではない。各種の審議会、検討会等の公開や、公聴会、ワークショップ等の開催も進んでいるが、時間や場所、参加資格を得るための手続きなどで、制限も多い。ｅ-デモ会議室では、誰もが自由に、時と場所を選ばず議論に参加し、そこで得られた方向性を政策に反映させるチャネルとして、今までにない機能を持つ。

が、逆に課題もあり、どの時点からでも、誰でも参加できるため、参加者間で共有する情報のレベルを一定に保つことがむずかしく、堂々巡りの議論に落ち込んでしまう事例も少なくない。テーマや時期を共有して、一定の合意、結論に至ることも困難である。これには、パソコンとインターネット等を介したオープン・コミュニケーション自体が持つ問題点もあるが、住民参画のテーマを提示する行政側の対応にも問題点が多い。行政の担当部局は、不断に粘り強く、丁寧に、参加者とのコミュニケーションに基づいた情報提供を継続する必要があるが、この点については、行政側のスキルとモチベーションはきわめて不十分である。とくに、行政側の担当者が「余分な業務」と感じてしまう例が多いことが最大の問題点である。

自治体の情報化

自治体は、各々独自の情報化プランを策定しており、三重県でも一九九六年度に、「二十一世紀三重情報化社会推進プラン」（デジタルコミュニティズへの旅立ち）を策定し、全国に先駆けてケーブルテレビ網を活用した「高速大容量のネットワーク、ブロードバンドネットワーク」の整備などの情報化施策を積極的に進めてきた。

プランでは「三重県のＩＴ政策の狙い」の一つを、「ブロードバンドネットワークを生かした、

図 1-2　三重県における情報化施策の歩み

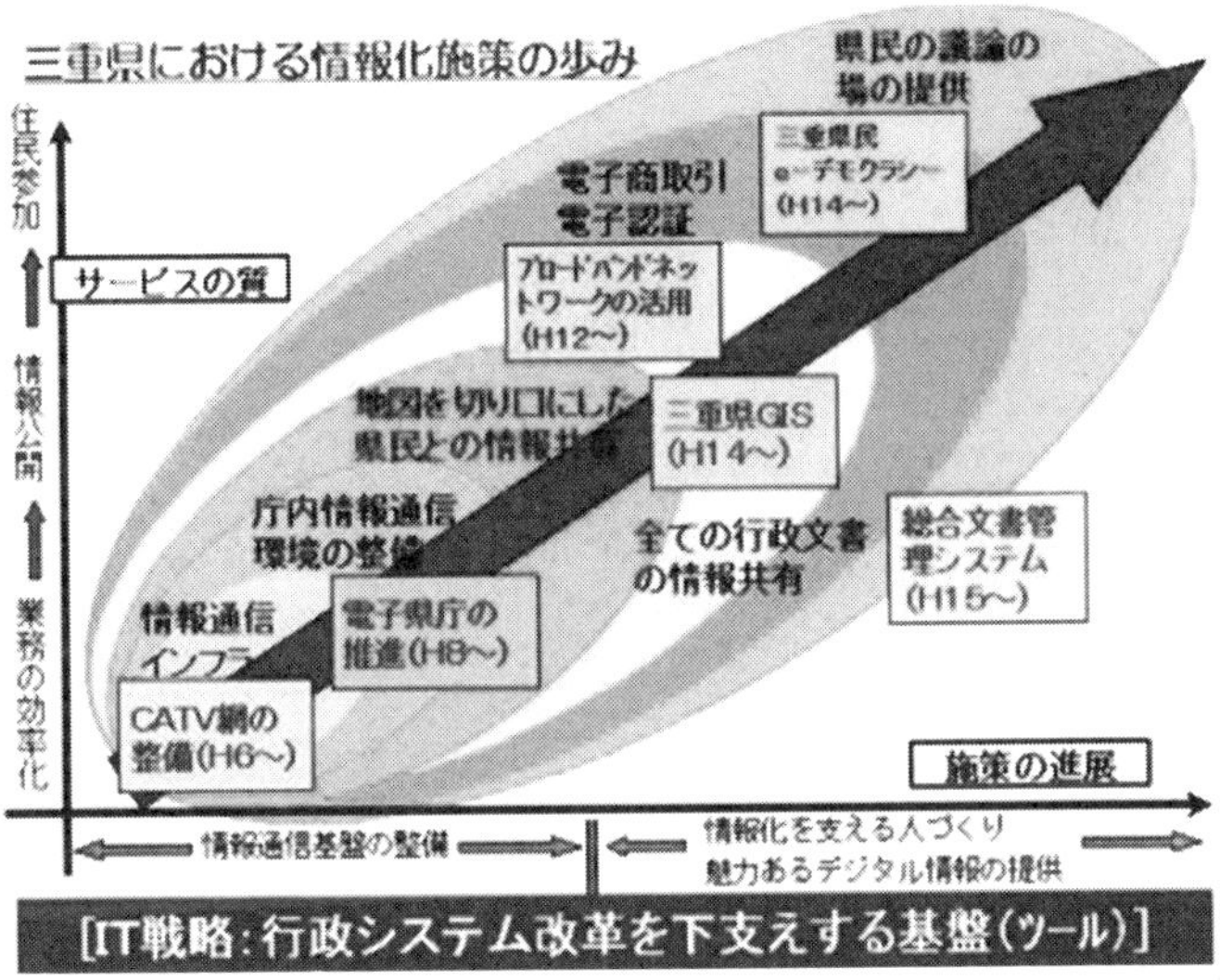

出典：http://www.pref.mie.jp/johos/hp/より

県民の皆さんの誰もが、いつでも県に対して意見を発する仕組み」としており、e-デモ会議室の目的（住民参画）はそのためのものでもある。自治体、とくに都道府県の情報化政策に欠けがちな視点として、住民（あえて市民と呼びたいところであるが）と行政の「距離感」がある。基礎自治体である市町村とは異なり、住民と都道府県は、疎遠な存在となりがちである。

誰もが参加できるインターネットを用いて、この「距離感」を縮めようとするのが、e-デモ会議室の目的の一つであり、それによって県職員の「意識改革」を進めようというものでもある。通常では、交流の機会の少ない住民と三重県職員が、インターネットを介してコミュニケーションを進めることにより、「県民しあわせプラン」に言う「県民との協働により創造する県政」と「県民と共に感性を磨く県政」を実現しようとするものである。

経緯

e-デモ会議室は、三重県の政策開発研修センターのプログラム「政策研究開発ワークショップ」（二〇〇一年度）から、職員提案として設置されたものである。ワークショップでは、e-デモ会議室のような、インターネットを活用したオープン・コミュニケーションのチャネルの必要性を提案したが、県の予算・組織の中で、それをどのように位置づけるかでは、さまざまな議論があった。

e-デモ会議室を行政上の業務として位置づけるにあたっては、①情報政策（行政サービス高度化の一環）、②情報公開（積極的な情報提供、高度化）、③生涯学習（社会教育＝市民意識、スキル向上）、④地方分権（地域での自治の基盤づくり＝市民自治）、⑤広聴広報（市民の声の政策反映ツール＝市民参画）、⑥行政改革（職員の意識改革）等々、さまざまな視点から考えることができる。現存する都道府県、市町村の電子会議室でも、企画（鳥取県とっとり県民電子会議室）、情報（神奈川県大和市どこでもコミュニティ、札幌市eトークさっぽろ）、行政改革（高知県ぷらっとこうち）等々、さまざまなセクションが、この業務に取り組んでいる。なかでも、最も歴史と実績のある藤沢市（藤沢市市民電子会議室）において、市民自治推進課という専門セクションを設け、「市民自治」を目的として取り組んでいるところが目を惹く。

三重県のワークショップとしても「市民自治」の視点に重きを置いたものの、結果的に組織としては、「市民参画」（広聴広報）のツールとして位置づけられた。

不適切発言への対処

e-デモ会議室のようなオープン・コミュニケーションの場を行政が運営するときに、避けられない課題として「不適切発言への対処」がある。人権やプライバシーに触れる発言を、行政が運営する電子会議室に表示しておくことは許されることではなく、e-デモ会議室を三重県が進める理由の一つ「安全・安心の確保」からも、何らかの対応が必須となる。

民間（とくに企業）運営の掲示板の場合、投稿内容を事前に管理者が確認して公表するものがある。公共の電子掲示板ではあまり例がないが、不適切発言に適時に対処できないまま閉鎖に至った公共掲示板の例も少なくないため、三重県では（当時の技術においては）発言内容の事前確認はやむを得ないものと判断した。とはいえ、県（だけ）がこれを行うことは、やはり「検閲」等の批判を免れないため、e-デモ会議室のテーマごとの進行・管理役（e-エディター）を行政外に委嘱（有償）して、事前確認してもらうことをe-デモ会議室の仕様とした（システム上は、事前確認なしの設定も可能）。

しかしながら事前確認制には、①グレーな投稿内容に対する事実確認、投稿者との連絡・調整等が運営担当者（県）ならびにe-エディターに与える負担、②投稿がすぐに表示されないことに対する参加者の不満、不信等々、いくつもの問題点があることは否定できない。何より非公表とされた発言内容を他の参加者が知ることができない。どのような発言をする人がいるのか、どのような発言が不適切と判断されるのかを、他の参加者が知り得ないため、全体のメディアリテラシーの高まりを一定阻害するところが、事前確認制の最大の欠点といえる。

当初、単純な電子掲示板形式の会議室のみでスタートしたe-デモ会議室も、その後の運用の中からの見直し、ユーザーの声等により、さまざまな変革を遂げてきている。

携帯サイトの併設

まず、事前登録の煩雑さ、文字数の多い掲示板の見にくさ、ユーザーに若年層が少ないこと等の課題を解決し、参加者を拡大するため、二〇〇三年三月よりe-デモ・ジュニアをe-デモ会議室に併設した。

e-デモ・ジュニアは、①携帯電話からも参加可能、②進行役であるe-エディターは複数とし可能な限り若年層とする、③事前登録は不要（ただし、発言にあたってメールアドレスの入力は必要）、④誰でも新しいテーマ（話題）を立ち上げることができる、⑤マルチスレッド・フローティング形式を採用（ホットな話題を一目で見つけられる）、⑥積極的なユニバーサルデザインへの配慮と掲示板キャラクター（ぴよちゃん）等の採用、等々の特徴を持つ。開発当初は、「ジュニア」の名が示すとおり、中高生の参加拡大を目指したものであるが、システムのコンセプト検討が進むにともない、

図１-３　e-デモ・ジュニアトップページ

出典：http://www.edj.pref.mie.jp/

インターネット初心者すべてを対象へと変化してきた。

まず、e-デモ会議室スタート後、半年間に登録されたユーザーの年代層を確認したところ、四〇代が最多で、三〇代、五〇代と続き、二〇代になると突然、登録者数が激減していることが確認された。この原因について、若いユーザー等の意見を募ったところ、一〇代、二〇代のインターネット利用は、携帯電話を利用している率が圧倒的に高いことが判明し、若年層の参加を拡大するには携帯電話からの利用が不可欠であると判断された。

また、各会議室の議題（テーマ）や、e-エディターによる議論の進め方が硬いことが多く（それはe-デモ会議室

図1-4　e-デモジュニアの案内人ぴよちゃん

の大切な特徴でもあるが）、若い人が参加するにあたっての敷居の高さとなっていることも判明した。

これらの課題を解決するため、携帯電話用サイトの設置と、比較的年齢の若い（大学生、大学院生等）e-エディターの就任を目指すこととなった。

すでに、e-デモ会議室に登録されているメンバーからの意見として、「事前登録が面倒でそこでつまずく新規ユーザーが多い」、「画面の文字数が多く見づらい」、「興味のあるテーマがない」、「ホットな話題がどれなのかわからない」、等の指摘もあり、これらに対応するため、「発言にあたって事前登録は不要（メールアドレスの入力は必要）」、「誰でも新しい話題が立ち上げられ最新の話題を見つけやすいマルチスレッド・フローティング方式」を採用した。ただし、投稿を公表するにあたっての事前確認制は、三重県が運営する電子会議室として譲れない一線ということで、投稿者との連絡が必須であり、そのためのメールアドレス入力は残した。

とくに、画面の見やすさ等に配慮するため、ユニバーサルデザインをより積極的に推進し、ウェブ・アクセシビリティに配慮することとしたが、マルチスレッド・フローティング形式は、アクセスの度ごとに話題の表示位置が異なるため、視覚障害者（音声読み上げソフトを使用）から「操作に戸惑いを覚える」との指摘もあり、この課題はまだ解決できていない。

また、ユーザーが親しみを感じるように、e-デモ・ジュニアのキャラクター（ぴよちゃん）を設定し、各話題の発言が伸びると卵が割れて雛が生まれ、やがて飛び立つ等の工夫も施し、ユーザーの好評を得ている。

参加者主体の運営へ

e-デモ・ジュニアの検討と並行して、二〇〇二年九月からは、新テーマの公募（テーマ公募会議室）が始まり、さらにその一年後、e-エディター主導により、テーマの公募方法等をはじめとするe-デモ会議室の運営方法が大幅に見直された。

e-デモ会議室のスタート当初は、テーマを公募するにも手段がなく、事務局（行政）が県内各地のNPOや大学を回り、意見交換をする中からテーマを見つけ出すという方法が取られていた。会議室のカテゴリーは、事務局が県民の意見を聞いて設置する「テーマ会議室」と、会議室運営上の必要に応じて事務局が設置する「その他会議室」（事務局がe-エディター相当）の二種類のみであった。また、e-デモ会議室の基本的な運営方針を定める機関としては、e-エディターが集まる「編集会議」があるのみだった。

運営方針の見直しでは、県民であれば誰でも自由に新しいテーマを設置できる（ただし、原則としてテーマ提案者がe-エディター（無償）に就任する）こととし、従来からのカテゴリー「テーマ会議室」を、県民が提案する「県民発テーマ会議室」と、行政が施策上の必要に応じて設置する「行

図1-5　スタート後8か月頃のe-デモ会議室ウェルカムページ

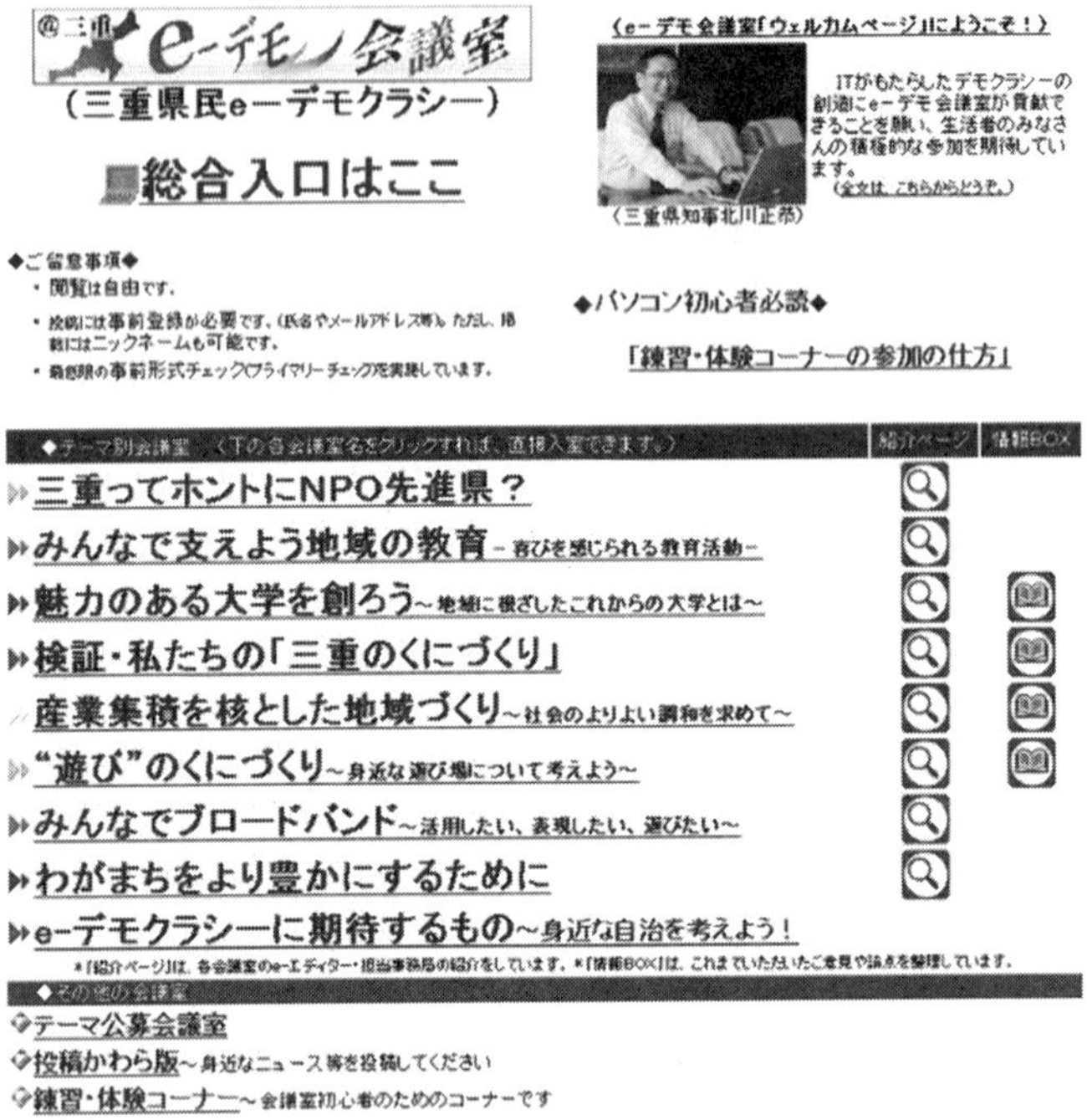

政発テーマ会議室」の二つに分けた。

さらにe-デモ会議室の基本的な運営方針を定める機関として、e-エディターだけでなく参加者の代表も含めた「代表者会議」を設置し、その「代表者会議」がe-デモ会議室運営上、必要と認めたテーマを設置する新たなカテゴリー「代表者会議発テーマ会議室」が追加された。

カテゴリー「行政発テーマ会議室」と「代表者会議発テーマ会議室」のe-エディター」には報償費を支払うこととし、また、従来からあるカテゴリー「その他会議室」は残置し、さらに閉鎖した「過去（閲覧のみ）の会議室」カテゴリーも追加した。

カテゴリー「県民発テーマ会議室」の設置により、新規テーマの開設には拍車がかかり、現在までに県民発テーマは二〇（うち二はすでに閉鎖）を数えている。また、ｅ‐エディターのみならず、一般参加者も含めた代表者会議を設置することにより、ｅ‐デモ会議室の運営に関わる県民の数が増え、ｅ‐デモ会議室の運営方針も柔軟化し、参加者主体の運営へ一歩近づいたと評価できる。

地図機能の付加

カテゴリー「県民発テーマ会議室」の新設により、従来のｅ‐デモ会議室にはなかった親しみの持てるテーマが増えてきたことも事実であるが、しかし、本来ｅ‐デモ会議室が目指す「地域の課題を地域の住民が議論し、方向性を見出す」（住民自治）のテーマは、なかなか増えなかった。やはり、「県」が設置する電子会議室ということから、参加者は南北二〇〇キロに及ぶ三重県の全域に散在し、「地域」に特化したテーマや議論が、なかなか実現しなかった。

これを実現するためには、個々の自治会へのＰＲ活動を強化する等の対策も考えられるが、三重県内に四八三九存在する単位自治会への包括的なアプローチはなかなか困難であり、また個々の自治会単位で、どれほどのユーザーやｅ‐エディターを確保できるかという点も見通しが立たなかった。まずは、地域で活用したくなるような魅力を、ｅ‐デモ会議室が持つことが先決と考え、すで

図1-6　現在のe-デモ＋マップ・トップページ

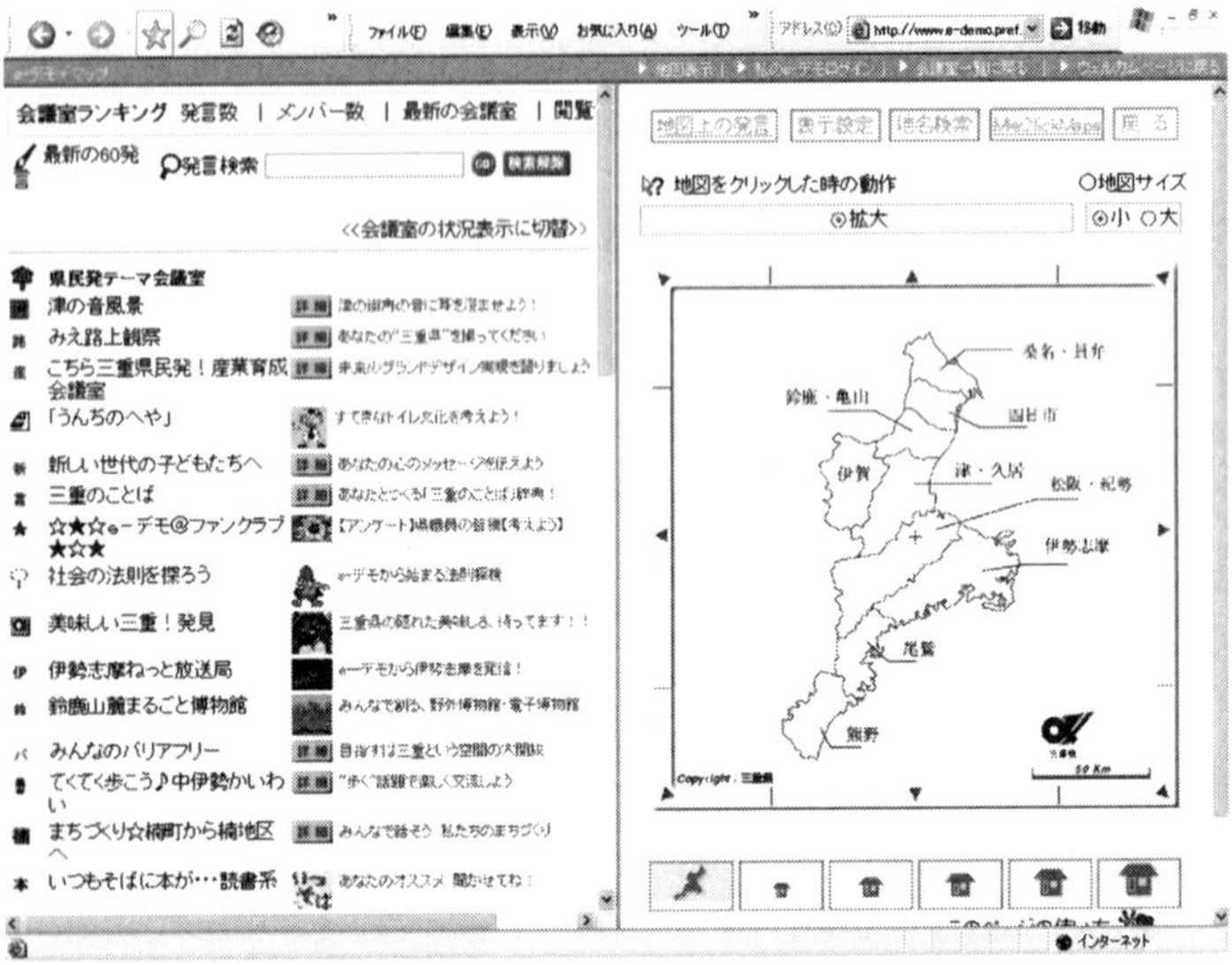

出典：http://www.e-demo.pref.mie.jp/map/

に三重県でサービスを開始していたインターネット上の地図機能（GIS：Mie Click Maps）を、二〇〇四年四月より付加することとした（e-デモ＋マップ）。

インターネットにおける地図の利用、とくにユーザーからの書き込み公開（ユーザーへのレイヤ開放）については慎重な配慮を要する。プライバシー情報、誤謬・虚偽の情報等があった場合、単なる文章表現よりも具体的なため、危険性が高く、これはGISの技術的進化のみでは解決できない壁となっている。

三重県ではこの壁に二つの方向性からアプローチしており、一つはGIS（オリジナルマップ）データと、表示・

図1-7　e-デモ+マップ

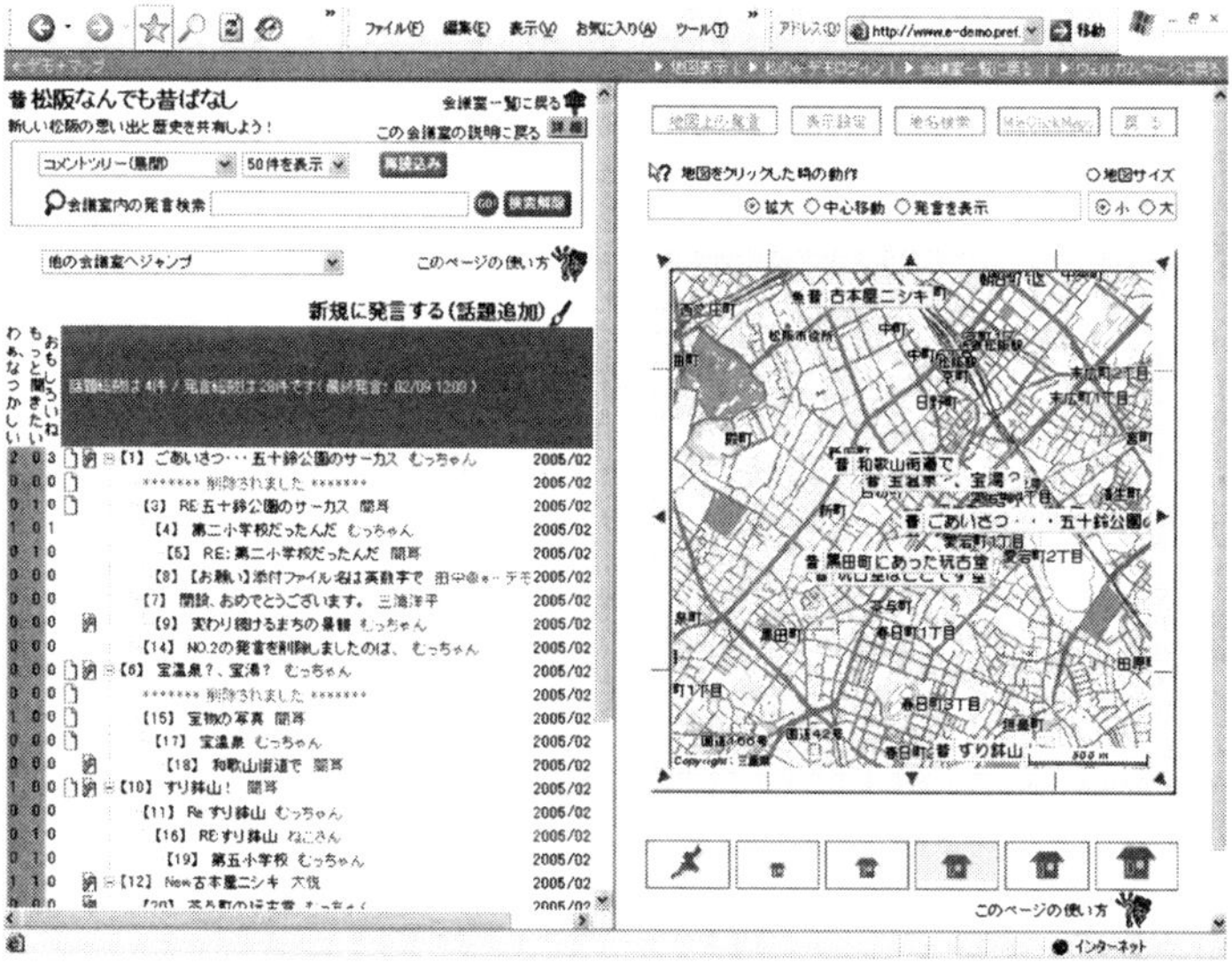

書き込みのプログラムをフリーソフトウェアとしてユーザーのパソコンにダウンロードしてもらい、ユーザーの自由な、しかし自己責任における活用を目指すM-GISである。ユーザー側の負担が一定程度は高まるが、ユーザーが書き込んだデータを、ファイルとして(メールで)交換することが可能である。

もう一つがe-デモ会議室の発展型、e-デモ+マップであり、e-デモ会議室で培ってきた事前確認制のノウハウを地図上にも活用しようというものである。地域の事情に詳しい人間がe-エディターとなり、事前確認でプライバシー漏えい等の事故を防ぐ。

e-デモ+マップへのリニューアルの結果、明らかに地域を意識したテーマが増加した。しかし、かなり広域をカバーするテーマが多く、個々の自治会での活用へ至るには、まだ多くの時間を要する。

広聴機能の強化

元々、e-デモ会議室は、「オープンな場における議論は、逸脱した発言を参加者相互の『たしなめ』により自己修正し、本来的な議論の成果へ収斂していく」という仮定に基づき、参加者主体の議論から政策提案を得ることを目的としてスタートした。しかし、結論的には、この仮定はきわめて限定的な（地域とかテーマを絞り込んだ）条件の下であるならば成立することもあるが、一般的にはかなり困難であると言わざるを得ない。

いつでも、誰でも参加できるオープンなコミュニケーションでは、議論の趣旨とか結論を出す時期を共有することがむずかしく、堂々巡りの議論に落ち込んでしまう例が少なくない。参加者間の情報共有には効果があるが、一定の合意、結論に至ることは稀である。

そこで、e-デモ会議室開始後一年を経過した頃から、広聴活動のあり方全般についても再検討し、インターネットとそれ以外のメディアを複合的に活用する「ネットで県民参画」を試行していくこととなった。

検討段階では、三つ（「検討会議へ提言」、「行政と意見交換」、「ネットで検討会議」）の案が提案されたが、試行にあたってはこれにかかわらず、幅広い取り組み（七テーマ）を進めている。

図1-8　検討会議へ提言

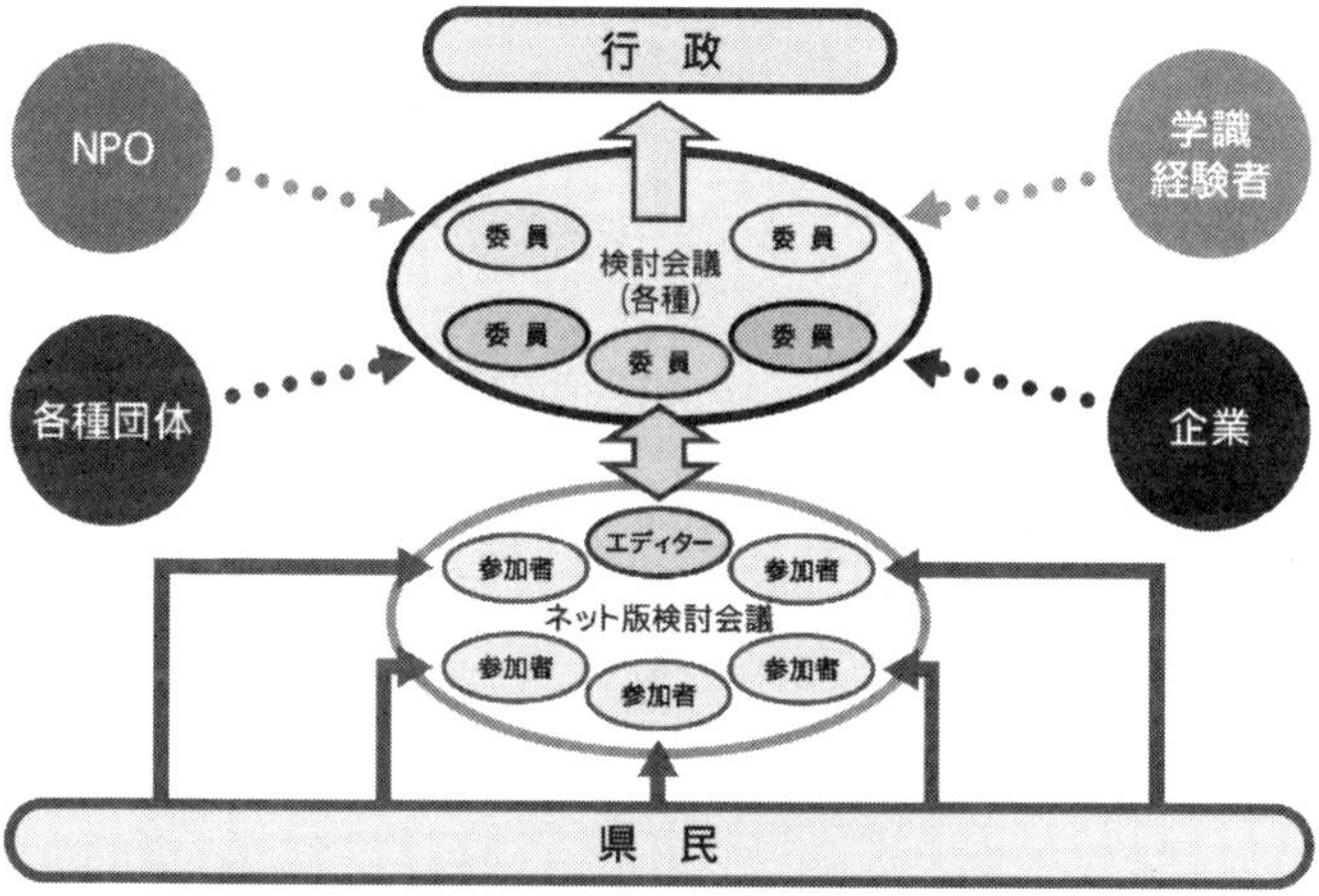

（例）「検討会議へ提言」

e-デモ会議室（時間と場所を問わず誰でも参加可能だが、結論が得にくい）と、既存の各種の審議会や検討会議（時間や場所、参加手続き等に制限があるが、提言としてまとめやすい）の長所・短所を補い合うため、審議会・検討会議メンバーの一人にe-デモ会議室のe-エディターを委嘱し、e-デモ会議室で出た各種の意見を実際の会議の議論に反映しようとするもの。

他の案も含め、まだ試行途中であり、明解な評価は下しにくいが、現時点で明らかになりつつあることは、電子掲示板式の応答型コミュニケーションは「提案」として成り立つことが、やはり困難であるとの事実である。

課　題

最大の課題は、思ったよりも参加者数が伸びないことである。やはり、住民自治、住民参画を標榜するからには、一定の参加者数を確保しないと、その正当性に疑義が出てくる。

ただ、一テーマ会議室に何百人ものアクティブユーザーが登録するということは、当初より想定していない。一人の参加者がチェックできる投稿の数には、自ずと限界があり、一晩に何百もの投稿がアップされる会議室が、長期間にわたって継続するということは考えにくい。

e-デモ会議室では、概略、数名のアクティブユーザー、二〇~三〇名の準アクティブユーザー、一〇〇名単位のROM（発言せずに閲覧するだけのメンバー）くらいが限度ではないかと考え、そうしたテーマ会議室が、たくさん設置されることを期待していた。

現状のテーマ会議室数は、県民発一七テーマ、行政発（ネットで県民参画）七テーマ、代表者会議発一テーマ、その他（事務局管理）五テーマ、過去（閲覧のみ）一七テーマの、合計四七テーマである（二〇〇五年三月一日現在。e-デモ・ジュニアは、テーマ会議室制をとっていないのでカウント外）。また、登録者数はe-デモ+マップが約一五〇〇名、e-デモ・ジュニアのメールアドレス登録が約八〇〇名、重複登録を確認する手段はないが、推定約二〇〇〇名の登録者数で、最近の状況は頭打ちである。

これらの数字が、当初の期待に十分応えていると評価する自信はない。

e-デモ会議室スタート当初から、エディターの会議等で指摘されてきた課題は、「参加のしにくさ（参加の障壁）」である。一体、何が、県民の幅広い参加を拒む「障壁」となっているのか。

さまざまな指摘があったが、そのうち①操作方法がむずかしい（事前登録、発言操作、携帯電話から参加できない等）、②画面が見にくい（文字数が多い、ホットなテーマを見つけにくい）、③興味を持てるテーマがない、の課題に対処するため、e-デモ・ジュニアが設置された。それは一定の効果を挙げたものの、e-デモ・ジュニアで電子掲示板に慣れたユーザーがe-デモ＋マップへ移行してくるという流れを作り出すには至っていない。とは言え、現状で打てる手はそう残されていないと考えている。

④行政が運営しているという敷居の高さ、⑤投稿が事前確認されることの鬱陶しさは、同根の課題である。しかしこれは、課題（短所）であると同時に長所でもあるという意見もある。確かに、参加者数の増加のみを視野に入れていると、参加の障壁は少ないに越したことはない、という結論に至りがちだが、一定の参加の障壁は、参加者の意識を共通化し、コミュニケーションに安心感を与える効果もある。「行政が運営しているから安心できる」、「事前確認制があるから会議室が荒れない」という意見も根強い。④、⑤は、三重県がe-デモ会議室を運営している限り、対策は見つからないと判断している。

⑥すでに何百もの発言が登録されている電子会議室（掲示板）への参加のしにくさは、電子会議室（掲示板）の構造的な問題である。会議室スタート当初は、新規メンバーとして入りやすいが、ある程度、発言がたまってくると新規メンバーの参加はピタリと止まる。膨大な過去ログを読むことも大変であり、すでにそこには一種のコミュニティが形成されているので、新規参加者に高い壁

となることは避けられない。これについては、かなり根本的な考え方の変更が必要と思われるが、コミュニティを形成しやすいという電子掲示板の長所と受け止めることも可能である。

⑦フル・オープンの場で発言することの怖さについても、オープン・コミュニケーションの場というe‐デモ会議室の存在そのものに関わる課題であり単純な解決策はない。e‐デモ会議室の基本的な目標「住民自治」、「住民参画」に立ち返り、e‐デモ会議室の新たな位置づけ（自治会単位での非公開使用等）を見出さない限り、クリアできない課題と言える。

⑧行政側の参加、情報提供の少なさが、じつは最も深刻で根本的な課題である。行政がe‐デモ会議室のような場を設けることの最大のメリットは、そこには信頼できる行政情報が提供されるという事実である。これは、住民の生の声を聞くことができるという点で、行政側にもメリットが多いが、それをメリットと感じる行政担当者は、残念ながら、まだ少数派である。

e‐デモ会議室のような場では、行政は参加者とのコミュニケーションの中から、膨大で分かりにくい行政情報を、その参加者が欲している形に翻訳し、提供していく必要がある。

そうした積み重ねが、参加者の信頼を呼び、参加者数の増大にも寄与していく。しかしながら不本意なことに、それ（住民とのコミュニケーション、情報提供）を行政の本来業務、第一の責務と考える担当者は、まだ多くはない。

そして、この⑧の課題はある意味では、⑨一部の会議室における「荒れ」（一方的な発言者による会議室の占拠）の課題に起因するものとも言える。

意味不明の発言を繰り返す参加者に対して事前確認制は、ほぼ無力である。意味不明を理由に発言を非公表とすることは、適切な運営方針ではない。

参加者数が増えれば、一方的な発言を繰り返す参加者の存在感が薄まるとの期待もあったが、そのような参加者が一人でもいると、良識あるコミュニケーションをとろうとする参加者が減少するという結果に陥ることが多い。そして、この「一方的な発言を繰り返す」参加者の存在が、情報提供を怠る行政担当者の格好の言い訳になっている。

そして、それらの結果として、⑩成果（政策への反映）が見られないことによる徒労感につながってくる。

また、政策への反映が実現しにくい理由の一つとしては、情報発信・共有はしやすいが議論の集約がむずかしいという掲示板形式の電子会議室の構造的特性もある。

電子会議室では、さまざまな意見が呈される。その「意見」にはテーマとの関連性を説明しにくいものも少なくないが、発言者は密接にテーマと関連していると判断している。その点についての議論は堂々巡りとなることが多く、また、それを取りまとめようとするエディターあるいは参加者が、他の参加者から反発を買う、という場面も珍しくない。そのため、電子会議室で呈された意見に優先順位をつけることはむずかしく、羅列的な取りまとめしかできないという結果に陥りがちで、インパクトのある提案に結び付けることが困難となり、政策への反映も限られたものとなってしまう。

このような悪循環（参加の障壁→成果が見えない→さらなる参加の障壁の増大）からの脱却がｅ-デモ会議室の最大の課題である。

今後の方向性

ｅ-デモ会議室二年半の経験から明らかになってきた一〇の課題のうち、当面、有効な対策を見出し得ない五個を除き、⑥～⑩の課題に対する、当面の対策の案は次のとおりである。

まず、ブログの可能性がある。

電子会議室へ後から参加することの困難さは構造的な特性であり、電子会議室であり続ける限り対応の方法はない。電子会議室は「コミュニティ」を作り上げていくのに適したツールであり、「コミュニティ」は大なり小なり排他的なものである。

最近、電子掲示板を凌駕する勢いを持つ新しいツールとしてブログがある。ブログは、個人（あるいはグループ）が開設する日記形式のホームページで、最新の記事（エントリー）が最上段に来る、来訪者はコメントを付けられる、ブログ同士でお互いの記事を参照し合いながらコミュニケーションを取れる（トラックバック）、ＲＳＳ（ウェブサイトの見出しや要約などのメタデータを記述するフォーマット）データを創成する、携帯電話からも簡単に投稿できる等の特徴がある。

電子会議室（掲示板）上のコミュニケーションは、主に応答で成り立ち、コミュニティ内部にのみ通じる短文のやり取りが多くなり、時には些細なことでヒートアップもする。

図1-9　e-デモ事務局ブログ（テスト版）

2004年12月02日

e-デモ・ブログ（テスト版）始めてみます

田中@e－デモです。

三重県のe-デモ会議室がスタート（2002年5月31日）して、２年半が経過します。

e-デモ会議室（インターネット上のオープンな電子会議室）は、その双方向性、公開性、同時性、記録性、検索性において、今までに自治体が経験した各種の広聴広報ツールを、まったく凌駕するものであることは間違いありません。

しかし同時に、そのオープンさは、時として混乱をもたらすこともあります。

端的に言えば、コミュニケーションを目的としない一方的な主張者の行動を制御できない・・・他人の意見を尊重し、自らの発言（の経緯）に責任を持つ「自律的な市民」として振る舞えない無責任な参加者に対して、何の対抗手段も持たないのが、「皆さん寄っといで」式の電子会議室／掲示板の限界とも感じられます。

これに対して、ブログのトラックバックによるコミュニケーションは、世界に発信する自分のサイト上の発言であり、単純な応答に終わらず、一種の「論」を形成することが多くなる。これは、ある意味、インターネット上の匿名・実名論議に決定的な解を与える可能性がある。その人のブログ、そこに展開されている意見の連鎖が、まさにその人の「人格」に他ならない。単純な個人認証云々の話ではなく、インターネット上の「人格」とは何か、それを明示するものとも考えられる。そして、トラックバックされた側としても、そのトラックバックを拒否することはできるが、その元発言そのものを削除してしまうわけではない。これはきわめてフェアなスタイルである。ブログのコメント機能は応答が主体となり、電子掲示板的なヒートアップにつながることもあるが、多くのブログシステムはそのブログの設置者がコメントやトラックバックを一括して拒否したり、特定のＩＰアドレスに対して拒否したりする機能を有しており、単純な電子掲示板より、設置者の権利保護に重点を置いたものである。ブログは基本的に、個々に自立した、自律的存在であり、「後からの参加のしにくさ」のような「電子会議室（掲示板）固有の障壁」は持たない。

つぎに、ＳＮＳ（ソーシャルネットワーキングシステム）の可能性がある。フル・オープンの発言の怖さを解消するための方法としては、電子会議室の非公開化（メンバー限定化）があり、システム上は簡単に対応できる。しかし公共的運営のｅ‐デモ会議室を、私的な用途に供することには一定の配慮が必要となる。

元々、住民自治を目標の一つとしているｅ‐デモ会議室においては、地域の自治会なりＰＴＡなりの、地域に密着した組織・団体による使用を一つの究極の姿と想定している。地域に密着した活用方法、たとえば犯罪発生マップなどであれば、公開することの危険性は自明であり、非公開での使用も当然のことと考えられる。

将来的には、そのような活用を目指し、ｅ‐デモ会議室の普及を図っていきたいと考えられているが、現状の自治会組織を見る限り、そのような活用方法が急速に普及するとは予想できない。そのために、途中経過的な手法として考えられるのがＳＮＳである。

電子会議室（掲示板）では参加者すべてがフラットな存在であり、お互いを認識する手段は数行の自己紹介と発言履歴のみである。そこに、現実社会のような「友だち」ネットワークを持ち込むことにより参加者同士の交流の機会を増やし、信頼感を醸成しようというのがＳＮＳの発想である。日本国内での大手サービス、ＧＲＥＥ（グリー）、ｍｉｘｉ（ミクシー）は、参加済みのメンバーによる「招待制」を特徴としているが、「招待制」はＧＲＥＥ、ｍｉｘｉの特徴であって、ＳＮＳに必要な条件ではない。一種の参加者選別にもつながる「招待制」を、ｅ－デモ会議室のような公共サービスが採用することについては慎重な検討が必要である。

ＳＮＳの最大の特徴は「友だち」ネットワークの可視化であり、友だちの多さで個人の信頼度を計ろうとするところにある。管理者が一方的に参加者を格付けするのではなく、参加者同士の評判の指標化により信頼性を担保しようとする考え方は、従来の単純な電子会議室（掲示板）にはないものである。複数のサービスを提供していくポータルサイトの中でＳＮＳを提供し、ｅ－デモ会議室もそのサービスの一環としていくことが望ましい。

さらに、ブログによるパブリック・コメントの常設化がある。

行政の参加の少なさについては、根本的には行政担当者の意識変革が必要だが、現行の電子会議室（掲示板）は応酬型のコミュニケーションになりやすいため、行政側が質問攻めにあう可能性が高いという問題がある。ブログの特性の一つである設置者の権利保護の重視は、行政担当者に安心感を与え、活用の度合いが高まる可能性がある。

また、一課一ホームページのような取り組みも進められつつあるが、ホームページよりもメンテナンスが容易で、メール送信程度の感覚でテキストベースの情報発信が可能なブログは、恒常的な各課・事業単位での広聴広報活動の推進に資するものと考えられる。

視点を変えて、現行のｅ-デモ会議室においては、じつはｅ-エディターからの適切な話題提供が議論を盛り上げるケースの方が多いという事実がある。これは、とくに行政発のテーマ（ネットで県民参画）にあっては本来、行政担当者が果たすべき役割をｅ-エディターに委ねているものである。設置者（あるいはｅ-エディター）がエントリーした内容に、参加者からのコメントがつくというスタイルは、ブログと大差ない。また、行政が提示したアジェンダに対して、住民の意見を問う「パブリック・コメント」制度も、ブログの構造と酷似している。常設のブログで、問題の発生、課題の発見の時点から、恒常的に行政が情報を発信し、住民とのコミュニケーションを進めていくことが、今後の行政のオープン・コミュニケーションへの参加を促す解決策になり得る。

一部の会議室における「荒れ」の課題については、「ブログによるインターネット上の『人格』の明示」、「ＳＮＳによる信頼性の可視化」により、かなりの部分、解決される可能性が出てくる。もちろん、電子会議室（掲示板）形式のコミュニケーションは、他に見られない機能を持ち、それもまたｅデモクラシーの装置の一つとして、不可欠なものである。コミュニティ形成のための電子会議室の有効性は、他の手段ではカバーできない。

ＳＮＳによる緩やかな信頼度指標を明示した中で、電子会議室を基盤としたさまざまなコミュニティと、ブログによる自律的なコミュニケーション空間が形成されていくような構造を目指すべきである。

成果（政策への反映）が見られないことについては、以上のような対策を進めていく中で、一定の効果が現れてくることを期待しているが、そもそもe-デモ会議室のようなオープン・コミュニケーションの場における行政の役割は「安全・安心な言論の場の確保」にある。言わば、地域の住民が安心して集会を開いたり、憩いの場として利用するための、公園の整備のようなものと考えることができる。そこにおける住民の自由な交流の中から、自主的な活動や、政策提言が出てくることは期待できるものの、最初からそれらを成果として期待することには無理があるのではないか。

また、公園の整備は行政の責務として進めるべきものであるが、その運用管理にあたっては住民と行政との間での役割分担があり得る。

もう一点、忘れてはならないのは、行政からの「情報提供」の重要さである。「公園の整備」とは言っても、この公園整備に費用はあまりかからない。市民自らの手で整備することも、そう困難なことではない。

したがって、「市民の交流機能」だけに着目した場合、行政が関わる意味を見出しにくいものとなる。この「公園」における本当の整備は、適時的確な行政からの情報提供である。それあってこそ、市民は有意義な意見交換、地域での自治を進めることができる。そして、その情報提供から市民と行政とのコミュニケーションが生まれ、お互いをよりよく理解し、相互の信頼感を醸成することができる。この点を見誤ると、行政が関わる意味が皆無となるので、とくに強調しておきたい。

ない。

再び、eデモクラシーとは？

　eデモクラシーにとって、インターネットのような情報通信基盤を介した、自律的なオープン・コミュニケーション空間は不可欠なものであるが、それだけでeデモクラシーが完成するものではない。

　三重県のe-デモ会議室が目指す「住民自治」と「住民参画」は、かなりの部分をインターネット技術に拠ることを期待しており、具体的には当面、住民自治（e-デモ＋マップ）と住民参画（パブリック・コメントの常設ブログ化）の方向性を指向するが、それのみに留まっていては、eデモクラシーへ近づいたことにならない。

　将来的には、地域住民が必要とするさまざまなサービスを連携・統合し、地域住民のライフサイクルに合わせて提供していく「地域ポータルサイト」の一部として、e-デモ会議室が地域のコミュニティを再構築していくためのツールになっていくことを目指すものである。

第 2 章

電子町内会

河 井 孝 仁

電子町内会とは

岡山市には地域ごとの一五七九の単位町内会と、単位町内会を束ねる八四の連合町内会がある。岡山市ではこのような現実の町内会という仕組みが十分確立していたことが、電子町内会という仕掛けが機能する理由の一つと考えられている。つまり、ＩＣＴの力によりまったく新たな町内会が電子の場に創造されたものではない。

岡山市は、二〇〇一年一一月にモデル電子町内会を募集し、これに七つの町内会が応募した。連合町内会が一つに六つの単位町内会である。

モデル町内会は二〇〇二年三月に運用を開始した。その時点での会員数は二八七人。その後、第二次モデル町内会募集から四期にわたる追加指定を経て、二〇〇四年一〇月末には四二町内会（一五連合町内会と二七単位町内会）、二二二八人の会員が電子町内会に参加している。

町内会という制度の特色から、会員二二二八人が世帯主であり、二二二八世帯が参加していると考えれば、岡山市全世帯数、約二五万に比較すれば〇・八％。ちなみに、ネットワークコミュニティの成功例として評価される神奈川県藤沢市の市民電子会議室の登録者数は二〇〇五年一月で二三七〇人、市人口の〇・六％である。

岡山市電子町内会は、町内会ごとのウェブページと簡易グループウェアのシステムである。各電子町内会は外部向けと内部向けのウェブページを持ち、ウェブページを活用した電子掲示板やイベントカレンダーが整備されている。

図 2-1　岡山市発行パンフレット「電子町内会でご近所イキイキ!!」

外部向けのページには、各町内会の自然や名所旧跡・特産品、地域史、町内地図、町内会長の挨拶などが紹介されている。なかには動画による紹介や地域に関連した事業者の広告ページもある。また、充実の程度はさまざまだが、連合町内会や市行政関連ページへのリンクも張られている。

内部向けのページには、e交流エリアと呼ばれる、お知らせや会員同士の意見交換が行われる電子会議室、町内会長などが行事予定を入力でき、町内会施設の空室状況などが確認できるカレンダーなどが備えられている。

いずれも現在の情報技術ではきわめて基礎的な技術にとどまる。システム面から見る限り、岡山市電子町内会にとりたてて目新しさはない。二〇〇四年一月には、市のお知らせが町内会ウェブページにリアルタイムに反映される仕組みや、アンケートシステムである「e御意見」の機能が導入されている。とはいえ、これらにも技術的な新鮮さは感じられない。

むしろ、岡山市電子町内会で注目されるのは、運営のあり方である。

単位町内会と連合町内会

「岡山市における電子自治体の構築——市民参加の電子自治体を目指して」（以下「岡山市電子自治体構築方針」という）によれば、電子町内会は市政への参加意識を高める「場」の形成を目的とする。

一方、担当者によれば「行政として『こうあるべきだ』と詳細にデザインしてはじめられた事業ではない」という。モデル町内会についても、あらかじめニーズが把握されていたというより、参加を希望する町内会を連合町内会か単位町内会かにこだわらず、とにかく受け入れたとのことであった。

その単位町内会と連合町内会のウェブページについて、私は異なる印象を受けた。連合町内会のページが情報伝達を主としているのに対し、単位町内会では、より地域に根づいたいきいきした生活が感じられた。

この印象の違いに対し、担当者は「顔見知り」という言葉を使って答えた。単位町内会は個々の

図 2-2　岡山市ウェブページから

出典：http://townweb.litcity.ne.jp/d-chounai/

世帯が構成員であり、ウェブページの背後にいる人の顔を容易に想像することができる。一方、連合町内会では個々の会員の話題ではなく、単位町内会より大きな枠の情報が掲載されているため「顔見知り」が運営している、参加しているという印象がない。

どちらが正しい使い方をしているというものではない。担当者も「電子町内会システムはこう使いましょうと定めて提供しているものではない。町内会ごとの違いによって、利用方法が異なっているにすぎない」と語った。

連合町内会は広域組織であるため、電子町内会システムには向いていないという結論を下すのも拙速である。電子町内会システムを活用している連合町内会には、システムを活用していない単位町内会も加わっている。ある市民が電子町内会システムに興味を持っていても、所属する単位町内会が利用していなければ活用もできない。しかし、その単位町内会が加入している連合町内会が電子町内会システムを利用していれば、その市民は利用が可能になる。

もちろん、「十分に顔見知りにはなりにくい」という理由で、単位町内会と同様にはならないかもしれない。しかし、連合町内会での経験が、単位町内会でのシステムの利用を働きかけやすくすることは確かだろう。連合町内会と単位町内会が重なっているという岡山市の制度は電子町内会にとってても有益である。担当者は、この点について、このシステムを町内会にとどめず、婦人会や子ども会、市民グループにも活用を呼びかけていきたいとしている。さまざまな地域グループがそれぞれシステムを利用し、コミュニティを指向するのであれば、きわめて興味深い。今後の展開に注目したい。

一万会員をめざす

岡山市は、電子町内会を市政への参加意識を高める「場」と考えている。

しかし、行政主導でそうした「場」をつくろうというよりも、地域で「上手に使われるかもしれない」場を用意した印象が強い。参加した人に補助金などの金銭的支援をするのではなく、サーバーとシステムの無償貸与にとどまる点も、それを裏打ちするだろう。

とはいえ、岡山市が負担している電子町内会の運営コストは年間約六〇〇〇万円。税が使われている以上、事業の必要性に対する説明責任も存在する。

事業目標について、市長は会員数一万人を掲げた。その根拠は必ずしも明確ではない。

しかし、多様な市民が電子町内会システムを活用し、さらに実際の町内会活動につなげていくことが期待されている。この期待は、地域活動の基礎であるはずの町内会活動が、市民にも行政にも「見えていない」部分があったとの認識から生まれている。

その意味で、より多い参加者は条件であり成果である。市長の掲げる目標一万人は、その象徴的な数字ととらえることができるだろう。

電子町内会を促すもの、阻むもの

電子町内会システムの普及のために、活用講習会が実施されている。かつて、国の事業として地方自治体が開くＩＴ講習会があったが、これは町内会が自主的に行う講習会である。参加者によれば、国事業のＩＴ講習会で知らない人とともに受講したことに比べ、この講習会は、知り合いといっしょという安心感があったという。また、ただパソコンを習うのではなく、それぞれの町内会の事情を考慮したうえ、電子町内会を広めるという目的が明確にされたこと。多様な情報を利用する方法もあわせて習得できたこと。これらが重要な役割を果たしている。さらに、情報技術に慣れた若い親が多く関わる子ども会が、町内会の電子化を呼びかけた例もある。

電子町内会を進めるもう一つの理由は「横並び意識」である。たとえば、近隣の町内会が電子化に取り組みはじめると「そろそろ、うちでも」という雰囲気になる。さらに、連合町内会で電子化が進むことで理解が広がり、自主的にＩＴ専門委員会が立ち上げられている。こうした積み重ねにより最初は市行政がリードしていた部分もあるが、自分たちの問題として考えだす動きも見られる。

「横並び」と言うと否定的にとらえられがちだが、促進のバネになる可能性も否めない。

一方で、「横並び」は阻害要因にもなりうる。「町内会の世帯全部がパソコンを使えるわけじゃない」との言葉が典型的である。情報の差が生まれるため、平等でなくなる、という意味である。

電子町内会のシステムを導入しても、既存の町内会がなくなるわけではない。であれば、電子町内会のシステムを使って情報や知識を得たり、なにかを感じた人は、それをパソコンを利用できない人に伝えればいい。そうすればむしろ、新たな関係づくりのきっかけにもなるだろう。電子の場だけで関係が完結しない環境がある時、全員が使えないことは情報化を阻む理由にはならない。

電子町内会の「メリット」

現在、多くの会員が電子町内会システムに書き込む段階ではない。同じ人ばかりが書き込む傾向もあるという。しかし、市としては書き込みだけが電子町内会への「参加」ではないと考えている。書き込まずに読み、実際の活動に結びつける人もいる。これは電子会議室でROM（リード・オンリー・メンバー）の重要性が認められるのと同様だろう。

市の担当者は、他の自治体からの質問に苦慮することがあると言う。「補助金が交付されていないのに電子町内会に参加する町内会には、何のメリットがあるのか」という質問がそれである。

確かに、市民にとって電子町内会を運営するのは手間だし、経費もかかる。

しかし「だから、補助金を」という思考を岡山市はとっていない。

それは、地域を元気にする主体はそこに住む市民であり、行政はその行動や思いを発揮できる場所を用意する役回りだと認識しているからではないだろうか。

そこには、電子町内会のメリットを画一化する議論に寄りかからない考え方がうかがえる。「ある町内会に思いや課題があり、電子町内会という道具を使うことで思いの実現や課題の解決に近づくのであればメリット。しかし、すべての町内会にとってメリットは同じではない。だから、活動に便利だと思えば使ってください、と言っています」。

担当者のこの言葉は、後で見ていく町内会関係者からの聞き取りによっても裏打ちされる。

e御意見

電子町内会システムには、インターネットを利用して行政からのアンケートに答える「e御意見」という機能がある。

e御意見は、他のいくつかの機能とともに二〇〇四年一月から導入された。

行政担当者によれば、アンケートの結果は今後の施策にも活用されるとのことであったが、必ずしも回答数が多いわけではない。電子町内会の機能を利用しているため、情報化に関わる質問には反応がいいが、その他の質問では、母数が小さいこともあり、十分な回答数が得られないという。

また、市民がアンケート結果を自由に閲覧できるようになっていないことも「場」を志向するには不十分であると考えられる。

ｅ御意見では町内会が質問項目をつくり、独自に他の町内会も含めてアンケートをとってもよい。今後は、そうした機能が活用され、行政が単に結果を確認するだけではない、市民の積極的な「参加」による運営が望まれる。

使いたいように使う

次に、地域を元気にしようとする市民の側から、岡山市電子町内会を考えていきたい。

ここでのキーワードは二つある。一つは「使いたいように使う」というもの、もう一つは「地域を元気づけるとは人を元気づけること」というものである。

「使いたいように使う」とは、市側の「行政として『こうあるべきだ』と詳細にデザインしてはじめられた事業ではない」という言葉に対応している。たとえば、ある町内会のウェブ管理者は「電子町内会には地域を記録していく楽しさがある」と話した。確かにＩＣＴにはネットワークをつなぐ力とともに、データベースを築く力がある。電子町内会は、ネットワークをつなぐ力を中心に考えられがちだが、もう一つのデータベースを築く力を重視して運営されているものも少なくはない。コミュニティを考えるときに、人のその都度のコミュニケーションに目がいきがちだが、実は交流を重ねてコミュニケーションに厚みが増すのである。

電子町内会は、地域の蓄積、資産を個々の会員それぞれに散在させず、町内会全体で共有することを可能にする。

蓄積としての地域

アクセス数が市内で最も多い賞田町内会のトップページでは、主にお知らせに利用されている掲示板や防犯ニュースなどの新着情報、町内会行事を紹介するカレンダー、「e交流」などの会員専用ページへのリンクに加え、「賞田自然シリーズ」が目を引く。このページには、地域で見られる鳥や昆虫、動物、花などの美しい写真が掲載されている。しかも次々と更新されている。

ウェブ管理者は「会員から『毎日、変化があると楽しい』と言われ、新しい動植物や自然をアップすることが楽しみとなっています。このために一眼レフのデジタルカメラも購入したんです」と語る。

新しい動植物についての情報提供や、掲載された自然は、町内での会話など、コミュニケーションを呼び込むことにもつながっている。また、賞田電子町内会では、自然シリーズのウェブページから著名なポータルサイトのオンライン野鳥図鑑へリンクを張るなど、電子町内会のイメージを超えた積極性を見せ、興味深い。

一方で、福崎町内会のような地域のブロードバンドが十分普及していないことを考慮したシンプルなページづくりや、祇園山手町内会の「多様な端末からのアクセスを考え、写真などの画像のファイル容量に制限を加えている」方針など、さまざまな試みがなされている。こうしたことも、それぞれの町内会が責任を持ち、行政が詳細な内容まで踏み込まない「使いたいように使う」岡山市電子町内会の特徴を示している。それぞれの電子町内会が、自分たちの地域の状況に合わせつつ自

図 **2-3**　賞田町内会ウェブページ

出典：http://townweb.litcity.ne.jp/shouda/

図 2-4　牟佐町内会ウェブページ

出典：http://townweb.litcity.ne.jp/musa/

らを進化させていく主体性にもつながっている。

岡山市電子町内会では、電子ネットワーク上の交流と支えあう現実のコミュニケーションもきわめて重要となっている。牟佐町内会では電子町内会をきっかけに俳句のグループや環境ボランティアなど新しいコミュニティが生まれ、その活動状況を会員向けページに紹介している。時々、会員からＩＤやパスワードの問い合わせがある。忘れられたというより、積極的な利用への意向として受け止めていると牟佐町内会のウェブ管理者は述べる。

女性が担う役割

祇園山手町内会は、電子町内会を十分に機能させるため、実環境でのグループ活動、コミュニティづくりを先行させた。まず比較的高齢な人のグループをつくり、生涯学習を始め、パソコン講座を立ち上げた。現在の祇園山手電子町内会の中核を担う六〇歳前後の女性たちには、このパソコン講座の受講者が多い。はじめに取り組みやすいきっかけをつくり、徐々に本丸に近づく。見事な戦略となっている。

女性が中核となるきっかけは、行政から女性を役員に登用してはと勧められたからだった。町内会としても、実際に地域を担う女性が元気になれば、町内会活動が活発になると考えていた。各人にテーマを割り振ると、女性たちはアイデアを出し、動きだし、アドバイスを求めたり取材先を検討しはじめる。おおむね女性は熱心で、電子町内会の講習を開くと、受講者の八割は女性だそうだ。

図 2-5　祇園山手町内会ウェブページ

出典：http://townweb.litcity.ne.jp/gionyamate/

こうして、従来は表に出てこなかった女性を元気づけることで、電子町内会が活発になった地域もある。

現実の町内会の役員には高齢化の傾向も見られる。一方でICTの活用を含め、町内会には多様な需要も生まれている。そうした担い手として、女性への期待が高い。女性は町内会とは別に婦人会や子ども会などでも役割を果たしている。そこから得る情報も多く、今後の電子町内会にとっては大事な人材だろう。

電子町内会がつなぐもの

牟佐町内会では、電子町内会のサイトに掲載された情報を中心に、紙を媒体として牟佐（電子）町内会新聞を発行し、回覧している。電子情報が紙で発行され再びオフラインに戻り、その新聞紙面が電子町内会のウェブページに掲載されるという螺旋の構造となっている。こうして実環境とネットワーク環境がつながり、町内会の会員であっても電子町内会には属していない人々への誘いかけにもなっていく。また、電子町内会で電話が有効だという話は興味深い。書かれた内容についてメールにとどまらず電話をかけることで、会員どうしの連携はより強くなる。

電子町内会を活用するにはインターネットの知識が心要になる。この知識は、電子町内会に限らずネットワークの利用を容易にする。しかも、電子町内会という顔の見える関係に基づくネットワークを経験したうえで、匿名空間に入っていけば、その違いを意識した行動をとることが可能になる。今、インターネットはきわめて大きな利便性を備えている。そうした場を活用するステップとしての意味も看過できない。

行政が場を提供し、町内会側が使いたいように使い、その過程で元気になった人が地域を活気づけ、コミュニティを築いていく。

もちろん、実際の電子町内会がすべて、このように動いているわけではないだろう。会員の数そのものが十分とは言えないこと、書き込みする人が固定していること、ネットワーク上の「場」としてはプレーヤーが多様でないことなど、さまざまな課題もある。

違和感から納得へ

町内会には、一部の有力者による非民主的運営、行政系統への無批判な組み込み、地域選出議員に拘束された後援組織といったマイナスのイメージが持たれることもある。その結果、電子町内会に大きな期待は持てないととらえる人もいる。

しかしそうした発想は必ずしも的を射ていない。電子町内会システムが町内会の内だけでなく、外へ地域を紹介するのに大きな部分を割いており、地域の再発見の働きをすること、内部でも一方的な伝達に終わらず、意見交換の機能を持ちうることもその理由である。しかし、それ以上に電子町内会が現実の町内会と重なりながらもずれた位置を占めているのが大きな要因だろう。ＩＣＴという新しい道具を使いこなす人間が、多くの場合、従来の町内会役員とは異なるとともに、町内会長とウェブ管理者を同じ人物にしないよう市が推奨したため、町内会で新たな人材が活躍するようになった。また、従来の町内会では影が薄かった女性も重視された。はじめから意図されたことではないとしても、こうしたことが結果として地域を重層化し、多様なつながりを生んだ。

展望――コミュニティのイ・ト・コ

桐生地域情報ネットワーク理事長の塩崎泰雄は、地域を情報化するには「イ・ト・コ」（インセンティブ＝協働参加への誘因、トラスト＝信頼関係、コネクタ＝関係性をつなぐ人）が必要だとする。

この三つの要素は、慶應義塾大学の國領二郎教授が提起しているプラットフォームという考え方にもつながり、「場」を形成するために必須である。

岡山市電子町内会という「場」へのインセンティブは地域への愛着であろう。e交流を利用して意見交換をすることにより地域をよくしようという志向も生ずる。また、より直接的に、地域の現在や未来の可能性を町内会の内外に紹介できるという誘因も強く感じられた。地域の鳥を紹介するためにデジタルカメラを購入する動機が、電子町内会を支えることにつながっている。むしろ、そこから地域へのプライドを持ち、その地域を元気に、楽しくするためにe交流が活用されるとも考えられる。

そうした誘因を刺激する仕掛けも用意されている。連合町内会IT専門委員会と電子町内会連絡協議会が主催し、行政担当課が後援して開かれるコンテストである。電子町内会に参加してよかったこと、楽しかったことなどを紹介するホームページが対象の「エピソードコンテスト」、町内会ホームページのサブタイトルを対象とした「モデル電子町内会ウェブサイト名称づけコンテスト」、掲載された地図を対象とする「地域電子地図コンテスト」など、多くのコンテストがあり、よりよいサイトをつくってさらなる参加に向けた誘因となっている。

次にトラスト、信頼関係である。すでに述べたように電子町内会は現実の町内会とは重なりながらもずれている。その意味では、電子町内会を緩やかに取り囲む顔の見える関係が信頼を裏打ちしているとも言えるだろう。婦人会や子ども会、地域活動グループなどの多層な関係も信頼構築に役

図 2-6　岡山市市民情報化サイトから

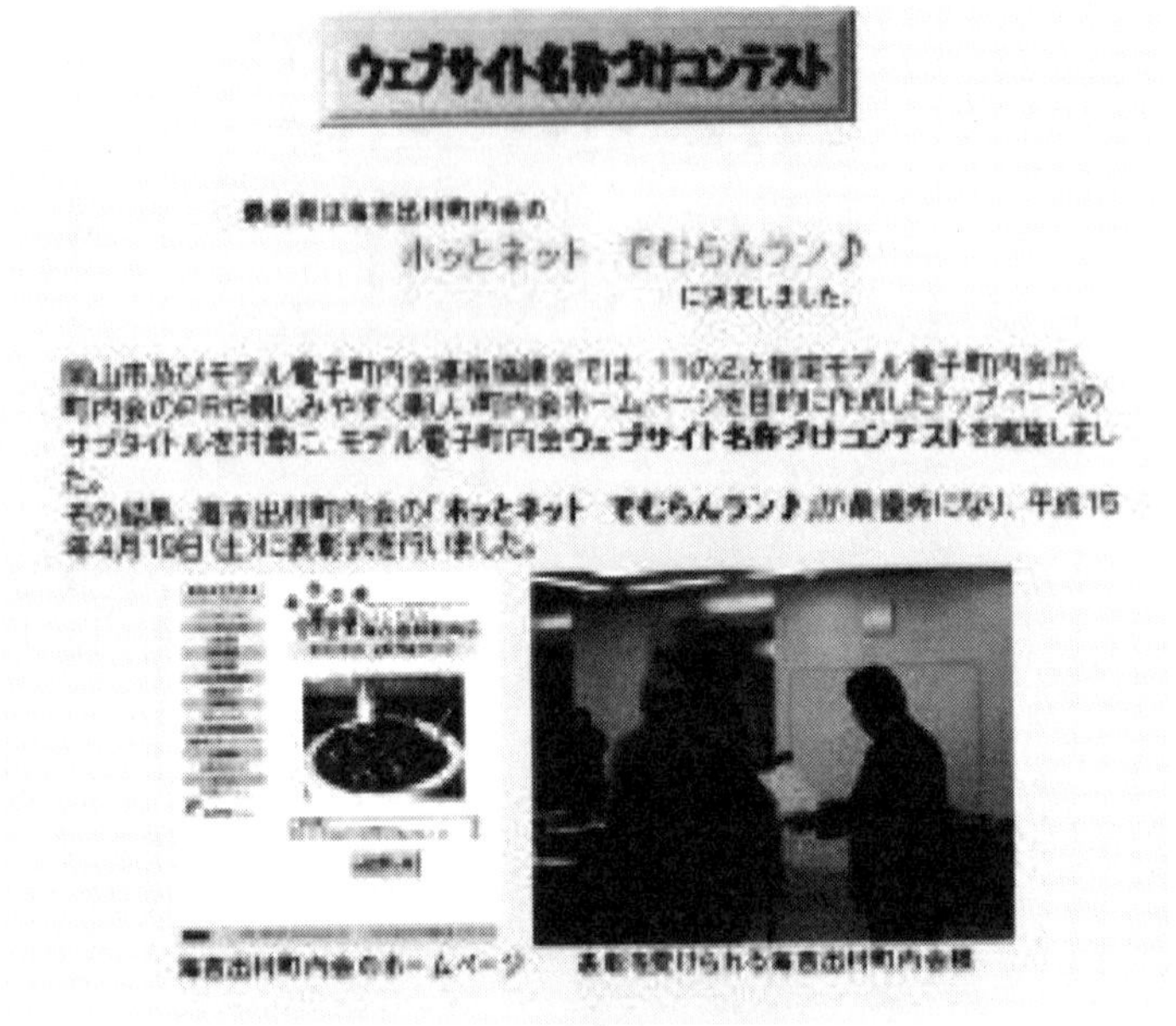

出典：http://townweb.litcity.ne.jp/subcontest.htm

割を果たしている。

このことは、個人が発信するネットワークコミュニティとは大きく異なる。個人が単位のネットワークコミュニティは参加者の信頼を構築しにくい。それに対し、電子町内会では常に現実の関係を参照しつつネットワークのコミュニティが構築されるため、信頼構築のコストは大幅に削減できる。

しかし、裏を返せば町内会、婦人会、子ども会、地域活動グループという一定の地域に結びついた関係の外にはなかなか拡がらない。

これを補い、地域内外を連携し、つなぐ存在がコネクタとなる。岡山市電子町内会では、連合町内会

図2-7 「eコミュニティしまだ」ウェブページ

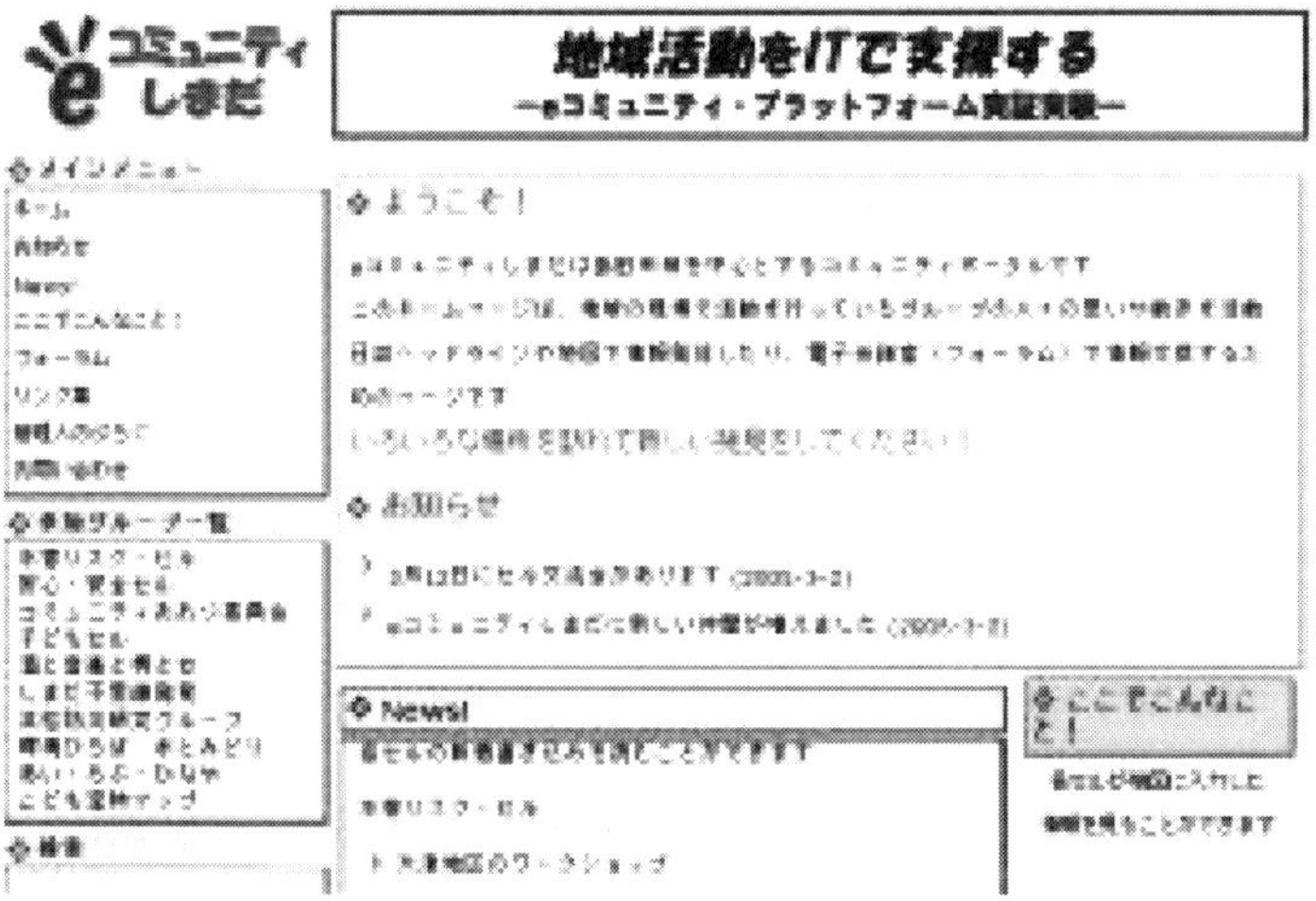

出典：http://www.community-platform.jp/portal/

がその役目を果たし、連合町内会ＩＴ専門委員会と電子町内会連絡協議会が重要な意味を持つ。組織としてだけではなく、町内会長やウェブ管理者が横のつながりをもってコネクタの役割を担う。

コネクタという視点からけ、祇園山手電子町内会で新たに試験利用の始まったブログにも注目したい。ブログはコメントやトラックバックによる連係機能、さらにＲＳＳリーダーを利用した情報発信、収集機能、連携機能に秀でている。今後、ブログを活用する電子町内会が増えてくれば、いわば電子町内会共用ポータルとでもいう横断的なウェブページが容易に構築できるだろう。

地域活動グループがそれぞれブログとウェブＧＩＳを用いたウェブページを持ち、ＲＳＳリーダーを備えた共用ポータルから、地域活動グループの情報や活動が簡単に一覧できる静岡県島田市の「eコミュニティしまだ」という事例もある。

発展し、変化していく岡山市電子町内会が多様な事例を参照しつつ、どのように地域を力づけていくことになるのか、今後の展開が期待される。

第Ⅱ部　草の根レベルの実践

第3章

まちづくり

寒川　裕

まちづくりは情報の共有から

八千代オイコスは、二〇〇一年一二月に設立された環境保全系のNPO法人である。NPOの法人格を取得するまでは「八千代ホタルフォーラム」という市民団体として、八千代市内にわずかに棲息するホタルを保護するために、市内の発生状況を毎年観察したり、棲息できる環境を整備する取り組みを約一〇年間行ってきた。

しかし、一部の有志によるボランティア活動では、環境保護や改善に大した成果をあげることができず、行政や地域企業、その他の自然環境保護団体等との責任ある連携のもと、環境という側面からまちづくりに取り組む必要性を痛感し、NPO法人化に踏み切ったのである。(1)

主な活動は、八千代ホタルフォーラム時代から続けているホタルの定点観測、アダプト制度(2)に基づく河川の環境整備、炭焼きなどである。また、試行の段階にとどまっているが、市民が現状を共有することが大切と考え、「地域の環境情報をわかりやすく、市民に提供する」ことにも取り組んできた。

環境情報の共有に関する実験

私たちは「プラス面にしろマイナス面にしろ、八千代の環境に関する現状が市民に伝われば、地域の環境に関心が高まり、環境の維持と改善のための取り組みが増す」という認識を持っており、それを実証するべく、株式会社NTTデータの協力を得て一年間実験を行った。

図 3-1　実験画面

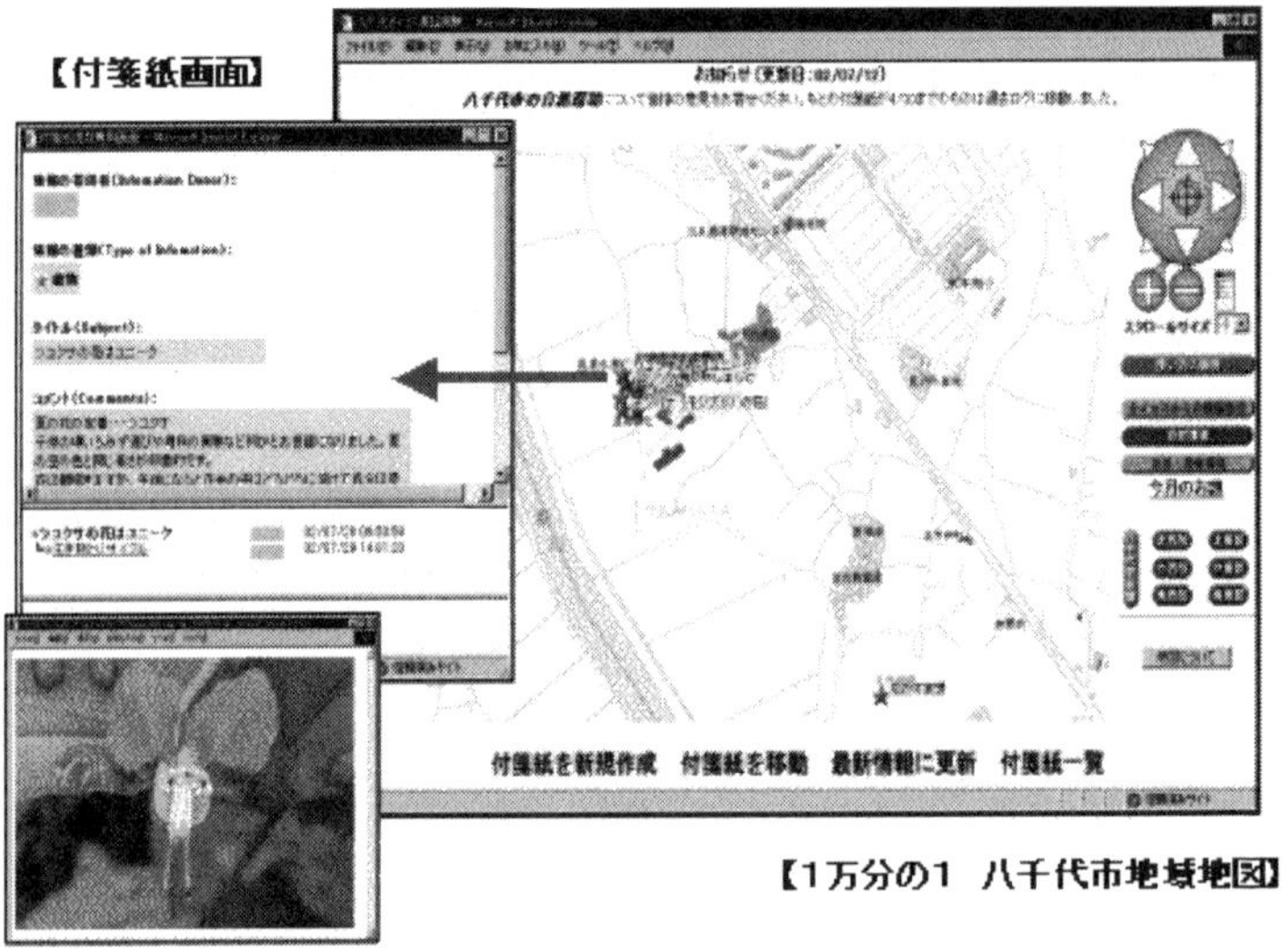

地域の環境情報をわかりやすく提示するには地図が不可欠だが、NTTデータが試験的に開発した「インターネット付箋紙（現商品名「ぺたぼーど®」）」というソフトウェアは、インターネット上の地図に「ここに日本タンポポが咲いています」、「この公園の樹木は元気がない」といった情報を、まるで付箋を貼るように、簡単に書き込むことができるツールである。写真の添付が可能なので、よりリアリティのある情報を発信することができる。また、誰かが書き込んだ付箋紙情報に返信をつけられるため、コミュニケーションツールとしても活用できる。

このツールを活用すると、行政が持っている調査データや八千代オイコスが独自に収集した情報を市民にわかりやすく伝えることができ、市民の側でも身の回りの環境に関する情報を容易に地域に向けて発信できる。それを、一年間と限定があるとはいえ、特定の日のイベントではなく継続的に行えるということから、実験に取り組むこととした。

この実験を通じて、八千代市の環境に関する情報を市民が共有し、地域の課題について話し合うとともに、行政に対して環境政策づくりに役立つような提案をしたい、と考えた。

実験の概要

実験の期間は二〇〇二年三月～二〇〇三年二月までの一年間。八千代市在住もしくは在勤の人々にモニター登録してもらい、モニター間で情報を共有する形をとった。モニターは、実験の前半は三〇名、その後、八千代市の広報紙や地元のミニコミ誌を通じて公募し、後半は五八名が参加した。

行政に提案できるよう、継続的な参加があり、建設的な意見交換を行えるようなコミュニティをつくりたいと考えたので、不特定多数の人が出入りする形態ではなく、ＩＤとパスワードを発行し、それを持つ人のみが参加できるようにした。

モニターの登録名は、ニックネームか実名を選べるようにしたが、ほとんどの人が実名を登録し、情報発信・意見交換を行った。モニターの年齢層は四〇～六〇代の既婚男性が中心で、大卒以上の高学歴者が多いのが特徴であった。

実験事務局は八千代オイコスとＮＴＴデータが共同で担った。ＮＴＴデータは実験システムの運用や問い合わせへの対応、実験開始時と終了後にモニターへのアンケート調査を実施した。八千代

図3-2　実験体制

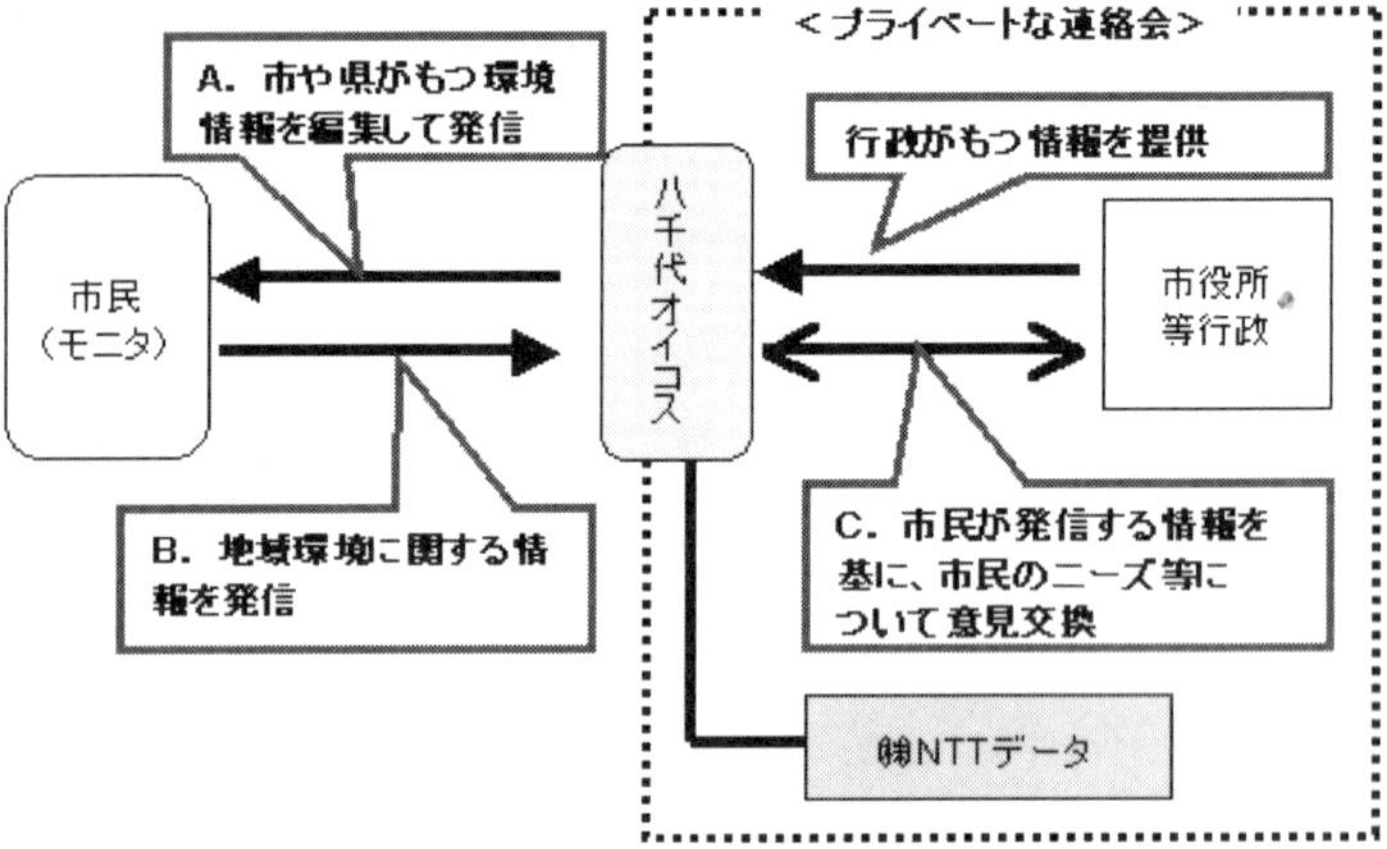

オイコスはシステム以外の運営全般を受け持ったが、とりわけ行政と市民（モニター）の間で情報の中継基地という機能を担ったのが特徴である。八千代オイコスや行政が持っている情報を編集して発信し、市民に環境の実態を平易に伝えることを心がけ、また、市民が自由に発信する情報を基に疑問や意見を集約して行政に提示し、行政の政策づくりに役立ててもらおうとした。

　このような役割を八千代オイコスが果たすと、行政と市民にはそれぞれメリットがある。行政としては、市民一人ひとりの意見に個別に対応するのはとても手間がかかるが、NPO等第三者機関が間に入って市民の意見を集約すれば個別対応が減るし、市民のニーズが透けてみえてくる。市民としては、直接行政に問い合わせたり、意見を表明するよりも、第三者機関に意見を出すほうが気軽であるし、その機関がある程度専門的な知識を付加して説得力をもたせて行政に働きかけるほうが、最終的に行政活動に反映されやすくなるからである。

実験内容

今回の実験では四つのコーナーを設けて情報発信や意見交換を行った。「オイコスからの情報発信」、「自然環境に関する情報発信」、「生活・安全環境（交通事故に気をつけたほうがよい交差点、防犯上気をつけたほうがよい地点など）」、そして、発信するのに慣れてもらう意図で設けた「今月のお題」。これらのコーナーごとに一万分の一の縮尺の地図を用意した。

実験を開始して二か月ほど経ったころ、モニターから「具体的な地点を示す必要がない意見を発信したり、議論したい時、地図には書き込みにくいので、掲示板がほしい」という要望があり、電子掲示板を併設した。その他には以下のような取り組みも行った。

①「車上狙いと引ったくり」の多発エリアに関する情報の発信。実験中の二〇〇二年ころは、一般に地域の犯罪情報はあまり公開されていなかったが、事実を公開することが市民の防犯意識の向上につながるのではないかと考えた。そこで、八千代警察署に働きかけて、車上狙いと引ったくりの二種について、多発しているエリアを公開した。この情報発信は、実験終了後に行ったモニターのアンケート調査でも好評であった。

②オフ会の実施。すでに似たような実験をしていた浦安市に、事前にヒアリングしたところ、「モニターからは、どんな人が参加しているのかがわからないので発信しづらかったという声があ

った」そうである。モニターどうしの顔が見える関係づくりが重要であると知り、オフ会を四回実施した。実験終了後のアンケート調査では、オフ会に出席して「参加者に親近感を覚えた」、「参加者の素顔がわかって安心した」、「事務局の素顔がわかって安心した」、「実験の趣旨や内容などについて理解が深まった」など好評であった。

③「付箋紙通信」の発行。実験を開始して一か月経ったころ、「ついつい実験のことを忘れてしまい、ホームページをみなくなる」、「メールで実験の様子を案内してもらえるとホームページをみようかという気持ちになる」という意見が寄せられた。そこで、ホームページのトップ画面で更新情報を知らせるだけではなく、重要な案内についてはメールも活用したほうがよいと考え、二〇〇二年四月以降モニターに周知させる手段として事務局から計二〇回メールを送信した。

アクセスログを分析すると、「付箋紙通信」を発行するたびにアクセスが増える傾向はなかったが、新企画（緑の基本計画や、ごみ行政への意見募集など）を案内した回では増加した。アンケート調査でも「付箋紙通信」をみたため「ホームページをのぞきに行こうと思った」割合が六三％あり、実験に対する興味を持続させる効果はあったようである。

④小学生の参加。実験の後半では、約一か月間、地元の小学四年生のクラスが「きせつといきもの」というテーマで参加した。具体的には、電子掲示板を利用して小学生の「いちょうの木のオスとメスの見分け方を教えてください」、「学校にはいちょうのオスの木しかないので、メスの木があるところを教えてください」、「百両・十両の種の大きさや形をおしえてください」といったさまざ

まな質問にモニターが答えるというものである。実際の授業にも何名かが参加し、秋の植物について子どもたちと一緒に学んだ。この小学生が参加した時期にはアクセス数が増えている。

⑤プライベートな連絡会の実施。八千代市役所と事務局は、プライベートな連絡会をほぼ月に一回、計一〇回実施した。

「プライベートな」というのは、市の職員は個人の立場で参加することになったためである。この連絡会は、市民の疑問や意見を集約して行政に提示し、意見交換を行い、行政の政策づくりに役立ててもらうのが主なねらいである。この連絡会にはさまざまな部署の職員が出席し、その多くは今回の試みを応援してくれた。

⑥最終報告会の実施。実験終了後の二〇〇三年四月、実験の内容や評価をモニターをはじめ、市の職員にも知ってもらうために報告会を実施した。

実験を通じてみえてきたこと

発信方法には「付箋紙」と「掲示板」があるが、「付箋紙」の総発信数は約四六〇枚であった。その七割は他の「付箋紙」と関係があり、あるモニターが地域の情報をレポートし、それに他のモニターが感想を書くというパターンが目立った。なかでも写真が添付されている情報には他のモニターからの返信がつきやすかった。「掲示板」への書き込みは約二〇〇件だった。

「付箋紙」を発信したモニターは全モニターの約半数であった。つまり、モニターの半分はRO

M（読むだけのメンバー）ということになる。事務局としては、もう少し発信者および発信数を増やしたかったのだが、なかなか簡単ではなかった。

当時はダイヤルアップ環境で参加しているモニターが大半で、地図を開くまでに時間がかかり、徐々に疎遠になっていったのも理由の一つだが、運営上の問題点もいくつかある。

たとえば、「知識の豊富な方が発言すると素人は発言しにくい」、「どのような情報が求められているのかわかりにくかった」ということがアンケート調査等からわかった。「他人の意見に感心したことがある」（八割）、「付箋紙の話題となっていることについて考えたことがある」（九割）、「興味深い議論が行われていると感じたことがある」（五割）と一定の評価はあるので、その「考えること」、「関心したこと」を発言につなげるような工夫が必要である。

非常に盛り上がったケースは、犯罪や交通事故という観点からみた危険箇所の情報発信である。市内で中学生が不審者に襲われた事件をきっかけに、危険箇所の情報をひろめようという動きにつながった。すでに地元の小学校や中学校の保護者が中心になって学区内の危険箇所を調べており、その情報を「付箋紙」として発信したのである。情報発信の協力をモニターに呼びかけたところ、すぐに数名が応じた。その中の一人は「子どもが学校に通っている家庭にはこのような情報があるが、子どもが卒業してしまうと情報が届かなくなるので、こういう情報発信には意義がある」と評価した。他には、公園に関する話題や行政への意見募集（「緑の基本計画」やごみ行政に関するもの）を行った際に、発言が比較的多かった。

図3-3　実験の総括（発信内容の質的評価）

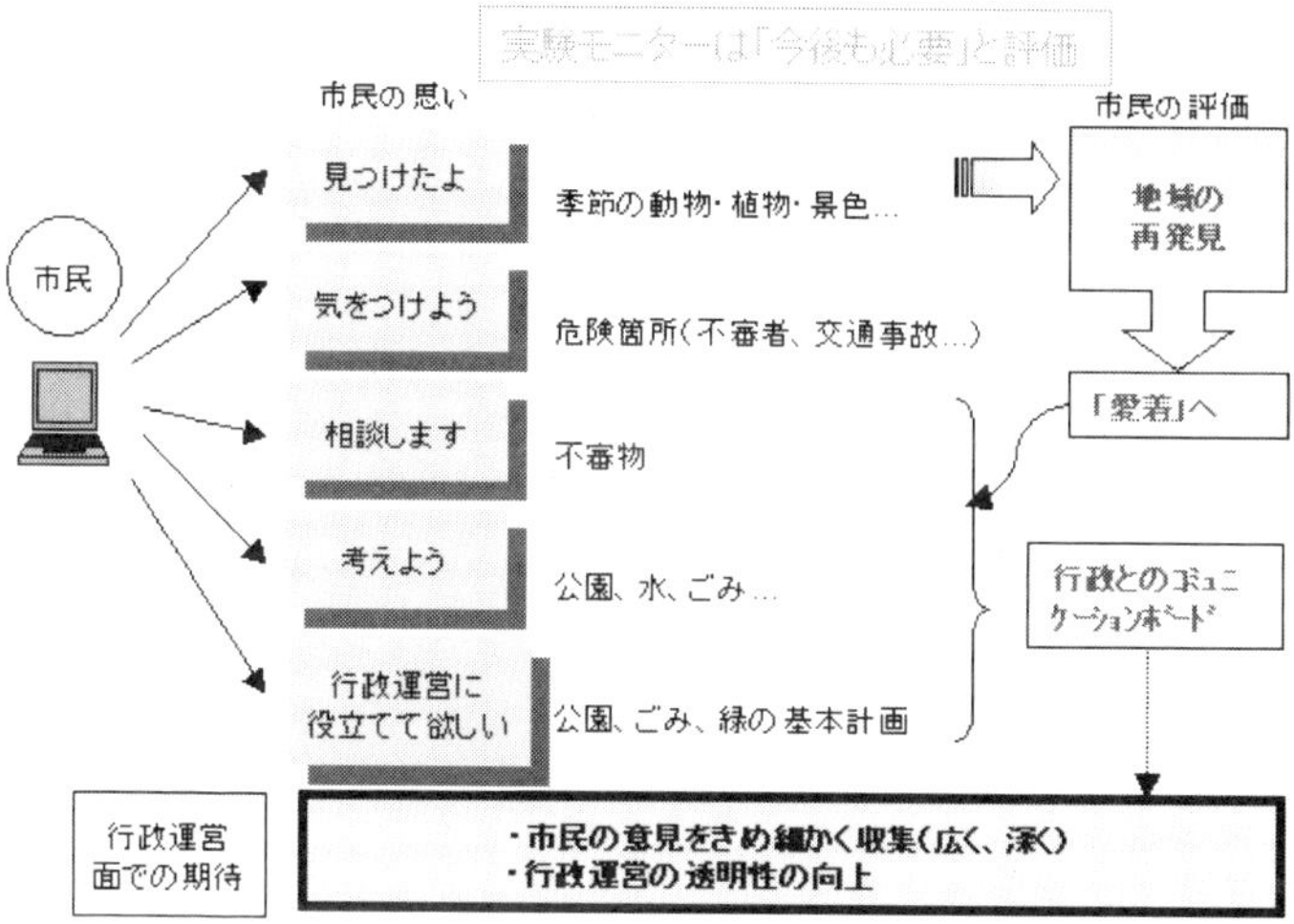

このように、普段の生活に役立つ話題や行政に働きかける具体的な話題など、「何に役立てるのかはっきりわかる内容」に関しては三週間から一か月程度は発言が続いたので、このような企画を打ち出していくことが発言を活性化させるポイントであろう。

モニターから発信された情報は「見つけたよ」、「気をつけよう」、「相談します」、「考えようよ」、「行政運営に役立ててほしい」に分類することができる。

「見つけたよ」という情報はあまり意味をなさないように思われるかもしれないが、地元の価値を気づかせてくれる側面がある。植物に詳しいモニターが発信する情報により、日本タンポポなど希少価値の高い花や樹木が市内に数種類自生していることがわかった。オフ会の席上、「八千代にもそんな価値があるということを知り、うれしくなった。友達にも伝えていくつもり」と語るモニターがいた。このように、情報を得て、地元の価値を再発見し、それが地元への「愛着」につながることもある。

地元への愛着が深まれば、地元のよい点は守り、よくない点は改善しようと意識し、家族や友人・知人と話し合うことにつながると考えられる。アンケートの結果によると、今回の実験に参加して、自然環境や生活環境などについて家族や友人、地域の人たちと話すことが増えたという割合は、それぞれ三割程度であった。

「相談します」、「考えよう」、「行政運営に役立ててほしい」という情報は、市民と行政とのコミュニケーションボードという役割を担っている。この仕組みは市民の意見をきめ細かく収集でき、計画を策定する段階で市民にテーマを投げかけ、意見を募るという使い方をすれば、行政運営の透明性を高める手段としても使うことができる。

市の政策に活かしてもらおうという試みもいくつか行った。

「公園についての意見募集」（ケース1）、「緑の基本計画市民検討会議への意見提示」（ケース2）、「ごみ行政についての意見募集」（ケース3）の三つである。

ケース1は評価が高かった例である。三月下旬に「この公園の樹が繁りすぎて昼も暗い。緑地公園の将来像を話し合い、整備・間伐・維持を検討したい」という発信があった。それに対し、いくつか意見が出たので、六月後半から七月前半にかけて「今月のお題」で公園をテーマに取り上げ、意見募集を行った。その間、オフ会を兼ねて現地見学をし、「付箋紙」や「掲示板」に書き込まれ

図3-4　行政への提案活動

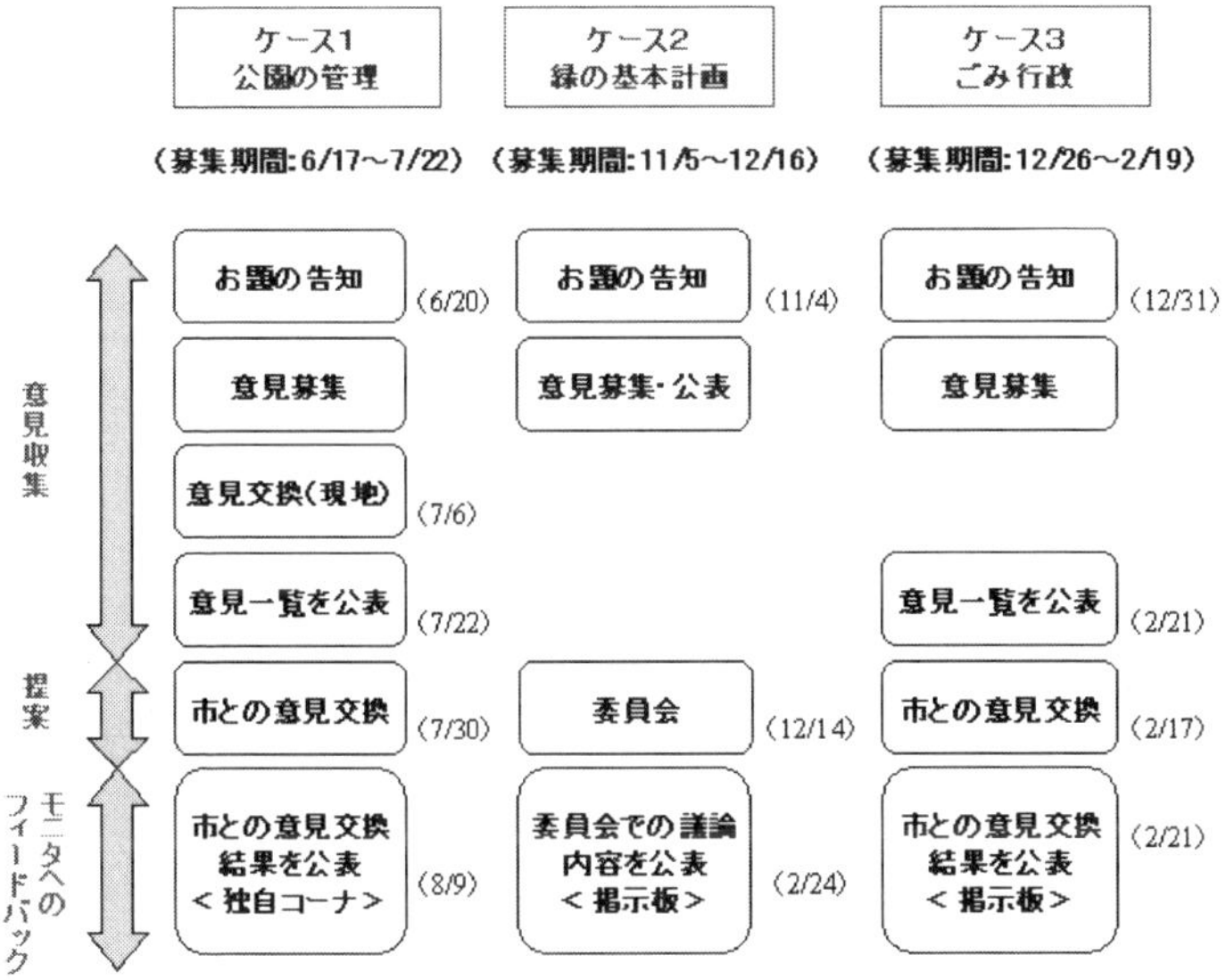

た意見も合わせて整理して、七月の「プライベートな連絡会」で八千代市職員との意見交換を行った。そして、その結果を整理して、ホームページ上でモニターにフィードバックした。

ケース2と3は評価がよくなかった例である。いずれも、市との意見交換の結果は公表しているものの「掲示板」を利用しただけだったため、モニターにインパクトがなかったこと、また、ケース2は、計画策定委員会の議論を公表するまでにずいぶんと時間がかかってしまったことが評価を下げた原因と考えられる。

実験終了後のアンケートにも「村上緑地公園について発信したところ、オフ会が現地でもたれて発展性があるなと感じた。しかしその後の市の緑地計画あたり

図 3-5　実験に参加して関心が高まったこと（複数回答，N＝32）

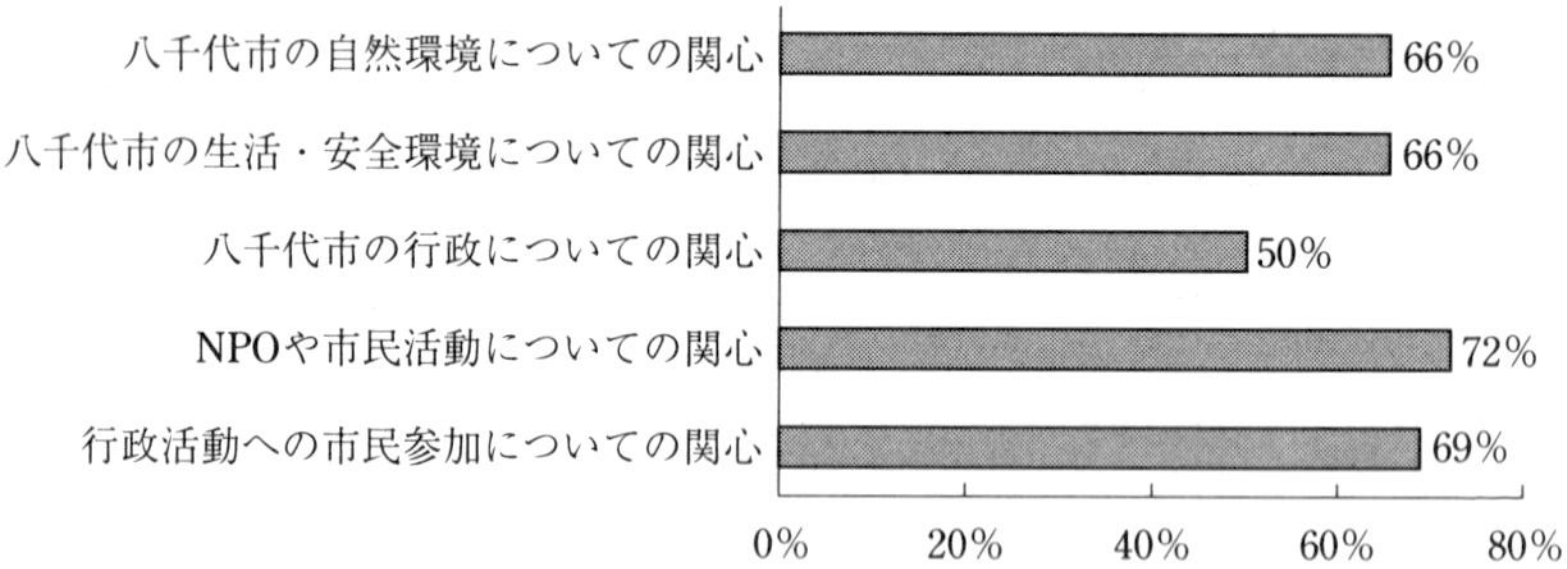

から推移がどうなっているのかがわからず、幻滅した」、「付箋紙を通して得られた情報が、いつどのように行政に伝わり、行政はどのように反応または実行したのかが、公園の件以外はホームページへ還元されなかったため、わかりづらかったことが印象に残っている」という厳しい意見が寄せられている。

ケース2はもちろん、ケース1での意見も「緑の基本計画」を策定する過程では市民の意見として取り上げられており、行政へのインプットという意味では評価できるが、モニターへのフィードバックのタイミングや方法には課題を残した。

今回の実験に対する全体的な評価は「満足した」、「まあ満足した」が六割。「あまり満足しなかった」、「満足しなかった」が四割であった。満足した点は、八千代市の自然、生活・安全環境について「情報が得られたこと」、「他の人の考えが分かったこと」、「意見を出すことができたこと」、今回の試みが「行政への市民参加の有効な手段だと思えたこと」である。一方、不満な点は、システムの操作性、参加者の少なさ・発言の少なさというコミュニティの活性度、発信した情報が環境改善などの市政にどのように反映されるのかがみえない、という点であった。

また、実験に参加して八千代市の環境や行政、市民活動への関心が高まったかという質問では、自然環境や安全については三人に二人が関心が高まったと答えている。行政への関心は最も低いが、それでも半数の人は高まったと回答しており、本実験のような「地域情報の共有の仕組み」は、地元や行政活動に対する関心を高める効果はあるといえる。

本格導入に向けての提案活動

実験終了直後、私たちは八千代市長に対して、今回の実験の総括と今後の展開について提案する機会を得た。主なポイントは、今回の仕組みの行政運営への役立て方と運営方法の考え方を整理するとともに、今後、主管部署を決めて検討を始めてほしい、というものであった。

行政運営に役立てるには、今回の実験のシステムにいくつか機能を加えないとならないが、表3-1のように、主に「政策プロセスの計画段階」で活用することができ、これが実現すれば、政策プロセスの透明性を高めたり、市民参画型の政策づくりや、まちづくりを推進する仕組みとして効果があると提案した。運営方法としては、「三者（市民・事業者・行政）一体となった独立組織形式」、「市が運営に直接かかわらないNPO形式」、「市の中に設置する運営委員会形式」の三つを提示し、それぞれのプラス面・マイナス面について述べた。

市長の反応は手ごたえのあるものではなかったが、その後も引き続き、市職員とは何度か話し合

表3-1　行政運営への役立て方

政策プロセス		定義	市民が意見を提示する主な機会	本システム
Plan 計画	課題認識	市民等から知りえた情報から課題として認識すべきものを抽出する	情報・意見の提示（随時） （窓口や手紙，電話，メール，電子会議室等）	地図 掲示板
	情報収集・課題設定	収集した情報を活用し，認識した課題に関する理解を深め，政策に反映すべき課題を設定する	情報・意見の提示（行政からのヒアリングがあれば）（手段は課題認識に同じ）	地図 掲示板
	立案	政策に反映すべき課題を基に，政策案を立案する	政策策定委員会（委員として） ワークショップ	地図 掲示板
	合意形成	市民等からの意見を元に政策としての妥当性，改善点を抽出する	パブリックコメント	掲示板
	制度化 （意思決定）	審議の結果や住民投票の結果等を勘案し，政策案として採択するか判断する	住民投票	
Do 執行		決定された政策に沿って業務等を実施する		
See 政策		行政評価結果や収集した意見等を基に，実施した政策の課題点を抽出する	行政評価，監査請求の他，実施結果に対する意見（随時）	掲示板

出典：行財政改革推進委員会資料を基にオイコス作成

いを続けている。行政としては予算の目処がたたないと具体的な検討に入れないとのことで、予算獲得に向けた庁内調整を続けている。二〇〇五年度の予算には計上できず、現在は二〇〇五年度〜二〇〇七年度の実施計画期間中に、今後の事業化を目指したいとのことである。八千代市の財政事情は大変厳しく、これまで推進してきた施策もかなり削り、情報化関連施策になかなか予算がつけられないのが実態のようである。

確かに予算の目処が立たないと関係者に声をかけにくいという事情はあるだろうが、「開設のコンセプト（狙い・実現したい内容）」や「運営体制（実行主体者）」に関する議論が最も重要であり、その検討には相当の時間がかかる。それゆえ、行政が実施に前向きであるならば、準備会や勉強会を作り、関係者を交えた検討を始めるのが先なのではないだろうか。

こうして検討が深まれば、システムとしてはどういう機能を必要とし、どれぐらいの予算がかかりそうなのか、どれぐらいの開発期間を要するのかが見えてくるはずだ。どうも検討の順序が違うような気がしてならない。

今後の課題

今回の実験では電子地図や写真を使った情報発信は好評であった。すべて文字で情報を発信する場合は文章を書くというリテラシーが求められるが、地図や写真を使ったため発信する側にとっては相当敷居が低くなったようである。しかし、その分、ソフトのインストールや操作が少々面倒であったり、動きが軽やかでなくストレスを感じることがあったのも事実だ（これについては通信環境による影響も大きい）。

今後は、パソコンの操作にあまり慣れていない人でも使えるように、ソフトのインストールや操作が直感的にできるようなつくりであること、電子地図を開いたり、情報を閲覧したり発信する際にいらいらせず速やかに表示できるよう、軽くすることを基本に、システムづくりを行うべきである。そして、議論に途中から参加する人のために、過去の議論を簡単にレビューできるような機能が望まれる。そのような機能があれば、プロセスの共有化が進み、参加者の相互理解を促進すると考えられる。相互理解が進めば、一方的に誰かを攻めるような発言は減り、問題解決に向けた建設的な発言が出やすい環境をつくることができる。そういう意味で論点を可視化させる仕掛けは重要である。

運営面では、発言者や発言数を増やすといったコミュニティ活性化のための工夫が一番の課題である。発言者を増やすには、まずは取り組みを知ってもらうため、メディアを活用したり、商工会議所やJCといった団体にこまめに紹介することが必要だろう。また、図書館や市役所、市民活動サポートセンターなどに設置されているパソコンを使って、発信はできなくても発信された情報を閲覧できるような仕掛けも効果的だろう。なかでも、図書館は今、「貸本屋」から脱却し、市民活動支援、ビジネス支援など、市民の情報収集および情報活用をサポートする「知の拠点」として生まれ変わるよう求められている。地域情報コーナーを設置し、地元に関連する図書や報告書、人材データバンクなどと合わせて今回の実験システムのような仕組みを用意しておくことを提案したい。

次いで、発言数を増やすには普段の生活に役立つ話題や、行政へ働きかける具体的な話題といった「何に役立てるのかはっきりわかる内容」で発言を促す企画を考え、市民どうしの電子上のコミュニケーションを促進させるコーディネーターの存在が重要になってくる。さらに、ｃデモクラシーという意味では、そのコーディネーターには、市民が自ら判断することをサポートするような仕掛け（たとえば、専門家からのアドバイスやレクチャーの機会を設け、市民が正確な知識を身につけることをサポートすることなど）を企画し、実践することも重要な役割として求められる。このような機能をもつコーディネーターの養成が必要である。

また、行政としては、市民から得た意見を「計画づくりに活かす」道筋をつけておくことも求められる。

実験をおえて

「市民の民意とは何か、物事を理解するとは何か、また、行政の腰の重さの理由は何か。さまざまな問題を考えさせられた」。

実験終了後のあるモニターの言葉である。今回の実験は、参加者が六〇名程度と小規模なものであったが、一年間継続したことに意義がある。運営面で反省すべき点は多々あるが、この意見のように、モニターが今回の実験を通じて、自然環境や生活環境、行政活動への市民参加について考えてくれたこと、さらにそれが、家族や友達、地元の人たちとの会話につながった例が相当数あったという事実はとても大切であると思う。

また、事務局を担ったメンバーも、モニターの反応や「プライベートな連絡会」でのさまざまな部署の行政職員との意見交換を通じて、この一年間でずいぶん成長した。一NPOとしての限界も知った。それゆえ、他の団体や行政との「連携」の重要性もわかってきたつもりだ。今回の実験の最大の成果は、市民の意見を環境政策づくりに反映させたことではなく、モニターも事務局も、地元の環境や市民参加についていろいろと学んだことなのかも知れない。

インターネットが一般家庭に普及しはじめてから約一〇年。行政改革の必要性が叫ばれはじめてからも約一〇年。革命ともいわれるほどのこの大きな課題をどう乗り越えるのか、とても広がりのある新たな技術をこの課題にどう役立てるのか、長い歴史からみたらまだまだ検討の緒についた段階だ。理想的なかたちができるまでには相当の時間を要するだろう。

地域社会はそれぞれに事情を抱えている。地元で「顔の見える関係」だからこそ、話しにくかったり、やりにくいこともある。そのような難しさを踏まえつつ、市民に軸足をおいた自治のあり方を求めて、事業者も含めた市民と行政が意見交換を重ね、試行錯誤を繰り返していかねばなるまい。今回の試みもその小さな一歩である。地域の大人が、小さいながらも一つ一つの試みをこのように前向きに捉え、真摯に地域の課題に向き合う姿勢を示せば、地域の若者や子どもたちにも伝わるはずだ。私たちがやり残したことに彼らが挑戦してくれる。それが、よりよい民主主義のかたちをつくることにつながるものと思う。

注

（1）　八千代オイコス　〈http://www.yachiyo-oikos.jp/〉

（2）　アダプト制度＝アメリカで生まれた環境美化のためのしくみ。公共の場である道路（街区）、公園、河川などの一定区画を「養子（アダプト＝adopt）」とみなし、ボランティア・グループや学校、地元企業等がその「里親（アダプター＝adopter）」として、定期的に清掃や植栽の管理などの世話をするという制度。

第4章

災害支援

山本孝志

現地情報を伝えるメディア

一九九五年一月一七日に発生した阪神・淡路大震災の際、インターネット上のウェブページによって被災地の画像を含む情報が発信された。現地から直接発信された生々しい画像はインパクトがあり、インターネットが日本国内にとどまらないネットワークであるため、世界的に関心を得たという点が注目された。それまでのパソコン通信の文字中心の情報ではなく、画像を含むマルチメディアで情報を伝えられるインターネット（ウェブページ）は、この時、メディアとしての評価を得たように思う。

一九九五年当時は、インターネットの民間利用の創成期であり、パソコン通信からインターネットにシフトしている段階で、ネットワーク回線の容量もユーザー数もまだ規模は小さかった。情報交換の面では、パソコン通信が中心だった。

しかし、「インターネットは蜘蛛の巣状に張り巡らされたネットワークであり、どこか一か所切断されようとリンクを保つようにできている。だから、災害による物理的な障害に強い」とインターネットを評価する言葉がよく聞かれた時でもある。

現地情報の収集と活用

一九九七年一月に発生した「ナホトカ号日本海重油流出事故」の重油除去ボランティア活動で、初めてインターネットによる情報収集が脚光を浴びた。すべての被災地からの情報がインターネットを通じて発信され、ボランティアはその情報を元に現地に向かうという形ができあがっていた。

被災地には、多くのボランティアが集まり、その中にインターネットに精通している人も多く含まれていた。さらに企業などからの物や技術が集中し、短期間に情報発信の形が整った。

しかし、発信された情報はどのように受信され、活用されていたのであろうか。個人ではなく後方支援活動をする団体という単位で考えると、必ずしもインターネットを作業の中に組み込んで機能させていたとは言えなかった。後方支援活動は、混乱する現地の負担を軽減するために重要であり、この活動にこそ情報が活かされなければならない。

静岡県では、静岡県ボランティア協会が被災地支援を行う活動にあたっていた。しかし、情報の入手や調整方法は、主に電話やファックスによるもので、旧態然としていた。当時、一般的なインターネットの利用方法は、電話回線を利用したダイヤルアップ接続が主であった。当然、コスト的に考えても電話回線数を多く保有しているわけではなく、電話との共有がほとんどである。電話回線を潰してまでインターネットに長時間接続することは事実上不可能な状況であった。

この事故による被災地域は、広範囲な地域に及ぶという特徴があり、地域ごとに情報が発信されていた。当時、把握していた被災地域は九府県に及び、一五地域から情報発信がなされていた。

後方支援を行う側としては、これらの地域から発信された情報を集めて内容を分析して対策をとる必要があった。しかし、一五地域のホームページから必要な情報を抜き出す作業は非常に手間のかかるものであった。当時、後方支援を行っていた静岡県ボランティア協会でも、接続環境の問題

図 4-1　被災地が広範囲で，地域ごとにホームページで情報公開

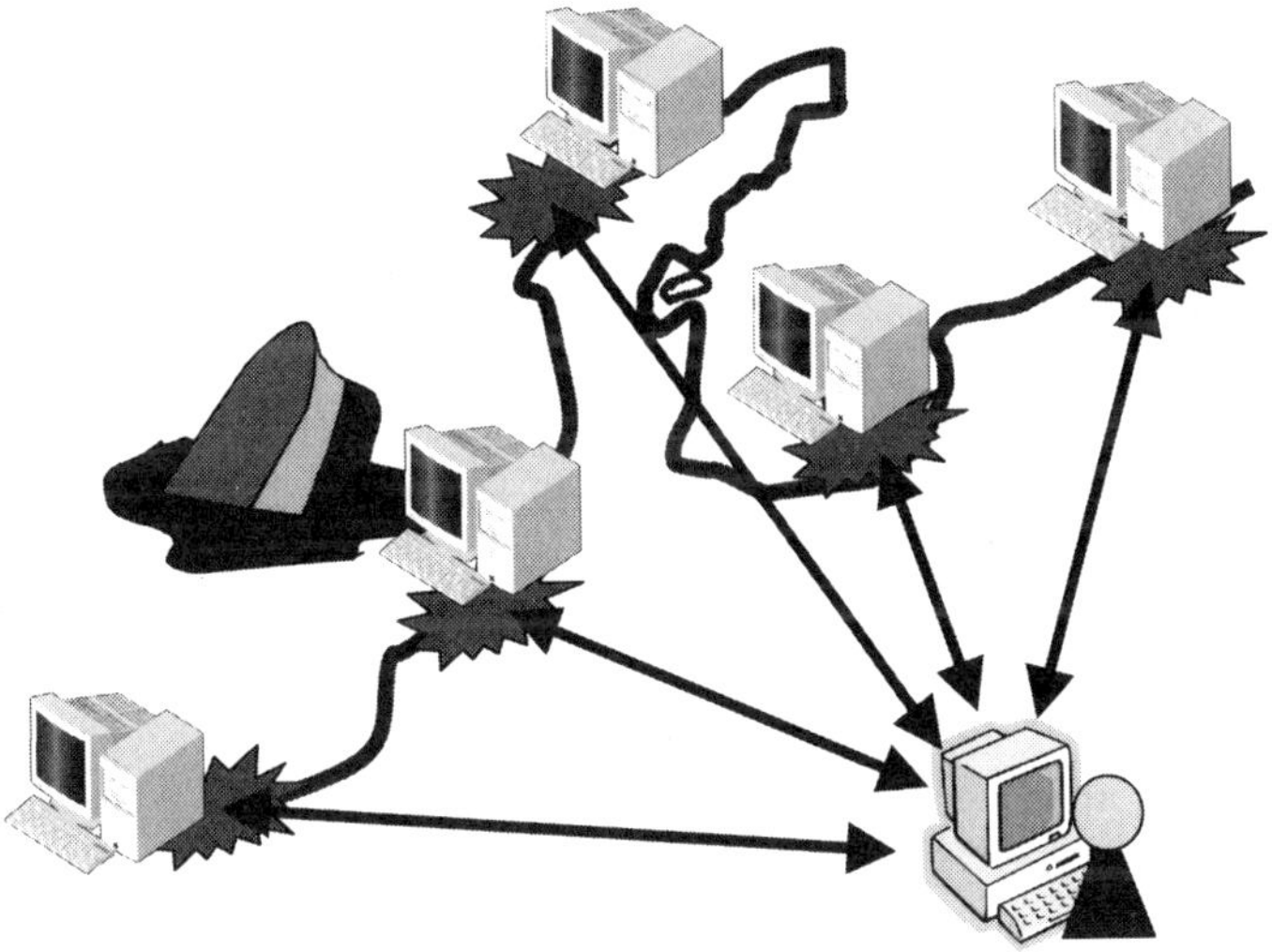

表 4-1　被災県別の情報発信地域

福井	三国町，若狭湾，福井市，三国町安島，美浜町
富山・石川	加賀市，珠洲市，輪島市
山形	鶴岡市
新潟	柏崎市，上越市
兵庫	兵庫県
京都	網野町，丹後町，久美浜町
鳥取・島根	最新情報がなかったものの重油漂着の情報があった

や人手の不足からあきらめざるを得ない状況であった。そこで、そのような状況を知った私が、情報支援活動を開始した。まず、地域ごとに設けられたホームページの最新状況を一日二回確認し、支援に必要な情報を同じフォーマットに載せて書き出した。それを静岡県ボランティア協会宛にファックスで通知したのである。

同様の目的で各ホームページの更新状況を確認して報告するサイトもインターネット上にあった。しかし、このような情報支援活動は一部の個人ユーザーのアイデアによって行われ、広がりを見せることもなく、効果に対する注目度は低かった。

このように、広範囲に及ぶ大規模な災害では、コミュニティを形成する単位で情報を発信するサイトが立ち上がる。それらの入り口を示すようなリンク集ページはできるが、関連する情報が一括して入手できるようにはなっていない。また、それぞれサイトの立ち上がる経緯も手法も異なり、同様の情報でも表現方法が異なる可能性まである。情報の受け手である支援者側は、情報を集めるための労力を考えなくてはならない。被災地にはさまざまな情報支援のスキルを持った人が集まりやすいが、後方支援の場では忘れられがちである。後方支援の場でも情報支援のスキルが重要なのである。

被災者のための情報

二〇〇〇年三月の有珠山噴火では、発災前の避難開始時点より、ウェブページだけではなく、情報や意見交換のためのメーリングリスト（ML）が開設された。さらに全国的な注目が集まるなか、市町村ホームページのサーバーがダウンする事態に対してもミラーリング（同じ情報を複数のサーバーに保存し、アクセスを分散させる仕組み）の実施など必要な対策を民間の力で講じてきた。発災後には情報を集約した「有珠山ネット」と言われるポータルサイトが形成された。MLには、防災関係者だけではなく、地元住民が多く参加し、やりとりされる情報も住民のためのものに限られ、理想論や支援側本位の意見が極力排除された。被災者を支援する情報という意識を強くしたものであり、ポータルサイトの内容にもその意識が強く反映された。また、ML、ポータルサイトに寄せられた被災者自身の言葉が被災地の生の情報になりうることを示した。

同年六月に発生した三宅島の噴火災害では全島民が島を離れ、東京をはじめとしてさまざまな地域で避難生活を強いられることになった。被災地に被災者がいないという今までの災害とは異なる形態ではあったが、被災者を支援するための情報発信という有珠山で培われた経験が、島民の大規模な疎開生活を支える情報ネットワークに引き継がれた。避難先がバラバラになった島民をインターネット上のコミュニティで結びつけることができたのではないだろうか。

いざ、発災。その時……

二〇〇一年四月に発生した静岡市における震度5強の地震の際に、さまざまな問題が露呈した。私の所属する災害支援ボランティア団体「静岡レスキューサポート・バイクネットワーク（静岡R

Ｂ）」の動きを例に取って状況を振り返る。

まず、発生時のインターネットの状態は、概ね障害になるような事項はなかった。ネットワーク回線は、一般電話回線が不通にならなかったため、ダイヤルアップ接続に支障はなかった。ただし、一部キャリアの携帯電話が不通になっていたことが確認され、携帯電話によるインターネットの利用はできない状況が存在した。また、避難は必要なく、地震が発生した二三時五七分は大多数の人が自宅にいる時間帯であったため、関係者との連絡はつきやすく、物理的制約が比較的少なかった。

テレビなどのメディアで地震発生が報じられ、協力関係にある災害支援ボランティア団体から静岡ＲＢのホームページに設置された公開掲示板を通じて問い合わせが寄せられた。発生二〇分後くらいから県外より問い合わせがあり、発生から二時間三〇分たった時点で神奈川、千葉、宮城、広島、愛媛より問い合わせがあった。

報道では「大きな被害の報告はありません」とされていた。以前なら、テレビ画面に映った景色だけが真実であり、ニュースキャスターが語った事柄がすべてと感じたであろう。しかし、実際にボランティア活動を通して現場を見る機会を重ねると、報道はマクロな視点の情報であり、初期段階ではしばしば被災地の状況と乖離する可能性があるとわかってきた。災害時には、なるべく直接現場の声を集めることが重要であり、被災者レベルの視点によるミクロな情報が状況を把握するのに有効なのである。しかし、何のツテもなく、現地の電話帳を元にかたっぱしから電話をかけるわけにはいかない。平時からの連携があってこそ、どこに問い合わせをすればいいのか判断できるのである。

偶然なのかもしれないが、問い合わせはすべて掲示板によるものであり、メールではなかった。掲示板での問い合わせにはメールに比べて利点が感じられた。掲示板へ投稿すると、問い合わせそのものが掲示板に注目する人たちの共有情報となる。この情報だけでも被災情報を調査している団体・地域があることがわかり、実際に被災状況が判明して支援が必要だと判断された場合、支援側が効率的に手を結ぶための情報となり得る。また、問い合わせに対する回答がなされた場合、一対一のメールでは、問い合わせ先に閉じた情報になるのに対して、掲示板に回答を載せれば、問い合わせた人を含めて注目している人たちの共有情報となる。情報が共有されると、情報を中心にしたコミュニティが自然発生する。

ここでコミュニティの中心となる情報そのものの問題点が浮き彫りになった。被災地における最もミクロな情報は、被災者個人からの情報である。個人レベルでは、情報の正確性・信頼性が問題になる。まず、公開掲示板は誰でも書き込めるため、被災地情報と偽って第三者から虚偽情報が書き込まれる可能性がある。このような悪質なイタズラは、不特定多数からの情報を扱う場合、常に問題になる。次に、被災状況を示す表現方法が人によってばらつきがあり、同じ尺度で語られないという点である。異なる感覚をぶつけ合うことを目的にしたコミュニティならよいが、正確な情報によりはじめて機能するコミュニティである。同じ尺度、感覚で情報交換をしなければならない。

また、「自分が大丈夫だからこの災害はたいしたことがない」と言い切る人もいて、情報発信者の不慣れが目立った。

県内における初めてのボランティアセンター

二〇〇四年一〇月には、台風二二号による被害で、伊東市宇佐美地区に静岡県内で初めてボランティアセンター（ボラセン）が設置された。しかし、情報がスムーズに流れてこない。静岡県では、災害情報支援システム「東海地震ドット・ネット」により、各地区のボラセンが直接インターネットに情報を流す仕組みを構築し、訓練も重ねてきた。

しかし、この災害でそのシステムは利用されなかった。現場にインターネットに関する機材や人材が投入されなかったことも一因であるが、ボランティアが現地に大挙押し寄せる事態を恐れて、情報の広がりが見えないインターネットでの情報発信を避け、つながりの見える口コミの情報伝達を選択したようだ。

情報の使い方に対するボラセンの無理解もあった。被害情報やボランティア募集だけが情報ではなく、被害が発生していない点やボランティアが充足している点も情報と理解されていなかった。新聞やテレビなど報道メディアで取り上げられる情報は「何かあった」ことを主に示すものであり、「何もない」ことを示す情報は、取り上げられない。「何もない」ことを示す情報は、自らが直接発信できるインターネットを利用していく必要がある。情報を積極的に出さなかったことにより必要な人手の募集に手間取ったり、問い合わせに忙殺されてしまったりといったデメリットが発生した。

図4-2　東海地震ドット・ネット

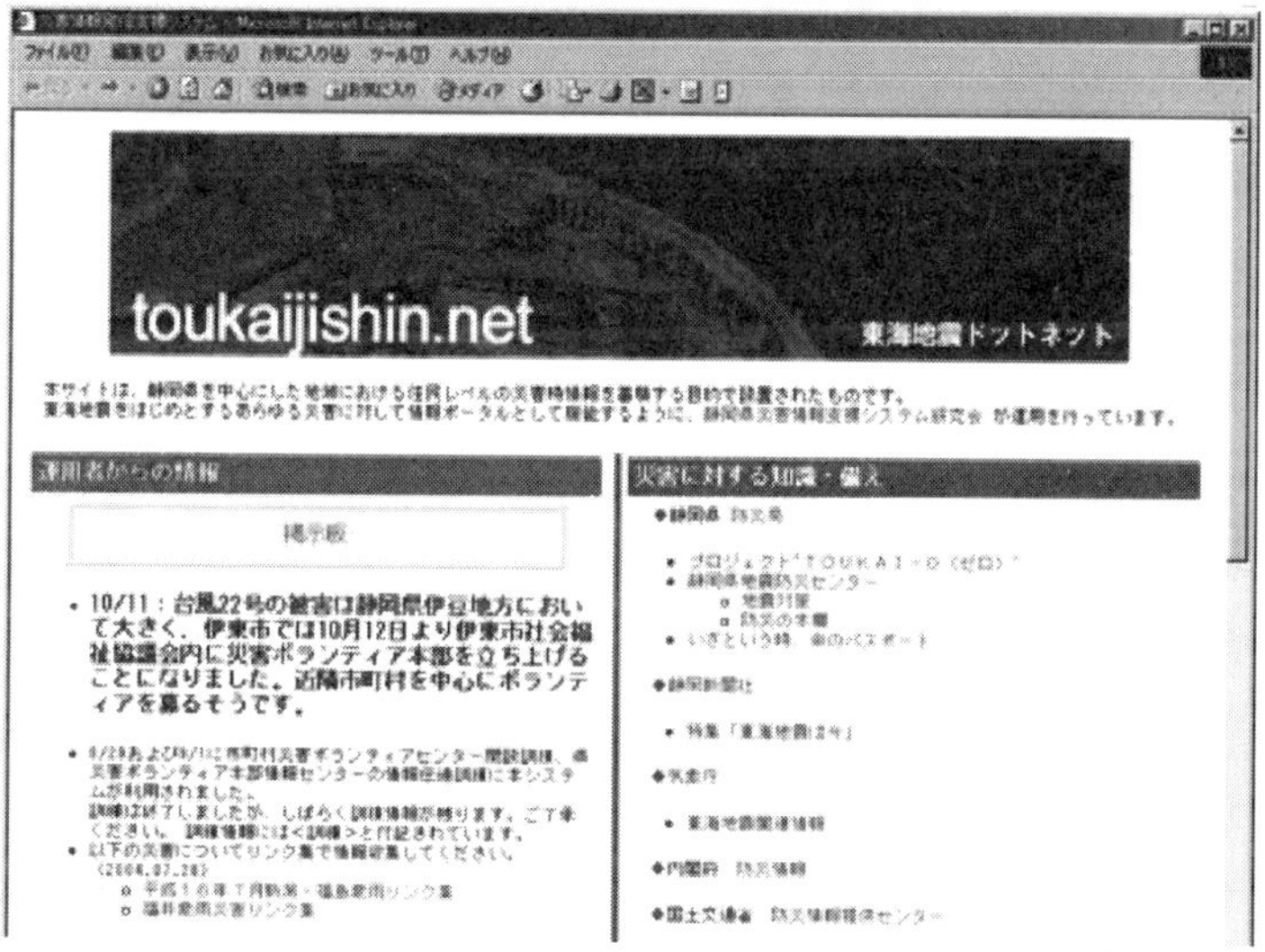

出典：http://www.toukaijishin.net/

それよりも情報を出してコントロールするほうが、メリットが大きかったように思う。

現地ボラセンを除き、周囲の関連団体ではインターネットを利用した情報共有がなされていた。しかし、メール中心の情報共有にとどめ、公開掲示板やホームページを利用して情報を発信するのをためらった。自らが調査して得た情報については公開したが、現地ボラセンが積極的に情報公開をしていない時点で、口コミで知らされた現地情報をどのように扱うか困惑した。中心となる現地ボラセンが情報を出さなかったため、情報を中心としたコミュニティが完全にできなかったのである。

そして新潟中越地震

二〇〇四年一〇月、今度は新潟中越地方が大きな地震被害に見舞われた。阪神・淡路大震災から一〇年が経とうとするなか、インターネットの普及は格段に進み、インターネットは行政・企業・個人と社会生活のすべてにおいて欠かせないものになっている。環境的にも技術的にも個人レベルでの情報発信が容易になっている。当然、行政からの情報もインターネットを通じて詳しく伝えられ、企業からの支援情報、募金の募集、個人からの被災情報などがネットに多く流れた。

支援活動としての情報発信の手法もインターネットの普及とともに、「情報を集め発信するサイト」→「情報の投稿を呼びかけるサイト」→「情報を自ら発信するサイト」というように変化（発展）してきた。情報を自ら発信することが容易になり、情報の発信源がさらに分散化した。

「ナホトカ号日本海重油流出事故」では、各地区の活動主体者が独自に情報発信に努めていた。とくに誰が情報発信しなければならないと決まりがあるわけではない。それはボラセンであったり、行政であったり、立場も姿勢もさまざまであった。インターネットが必ずしも一般に広く普及していない状況では、一地区で情報発信サイトが乱立する事態は発生せず、ほぼ唯一の情報発信源となっていた。しかし、個人レベルでの情報発信が容易になった現在、誰でも情報発信者になれ、どこからでも情報が流れるようになった。

情報発信者が増え、発信される情報が多様化したことは、いろいろな側面から被災状況を見るうえで有効であるが、一方で架空の支援募金を募集するような詐欺サイトが出現するなど、新たな問題も発生した。以前であれば、立ち上がったサイトに投稿される情報の真偽を管理者が監視するだけでよかったが、いまではさまざまなサイトに監視の目を向けなければならなくなった。これはインターネット全体に目を向けるのと同じであり、事実上不可能である。ボラセンの情報担当者は、すでに充足している物資の募集など、事実と乖離した情報の取り下げをサイト運営者にメールで依頼する作業をしていた。

事実と乖離した情報はなぜ発信されてしまうのか。悪意のある嘘を公開するのは論外であるが、たとえ真実であっても情報は生ものであり、時間の経過とともに実体と異なるものになるからである。

顕著な例は、不足物資の問題を伝える情報である。この問題が情報として伝わると、物資の不足を解消する活動が始まり、時間の経過とともに物資の不足は解消される。「物資が不足している」という情報は、時間の経過とともに事実と乖離する。これは阪神・淡路大震災をはじめとする大きな災害で必ず問題になる事象である。「物資が不足している」という「記事」も、二つの側面を持つ。支援を要請する「情報」であったり、現地の事実の「報告」であったりする。報告の発信は日記的要素が強く、その事実を支援に結びつけようという意図が低い。しかし、閲覧者が支援要請の「情報」として見る場合がある。情報の本質を見極めることが閲覧者に求められるが、実際には質の高い情報が掲載されるサイトが増え、どのサイトが支援要請を発信する公式的なものか見極めるのも難しくなった。

図4-3　事実と乖離した情報が残る

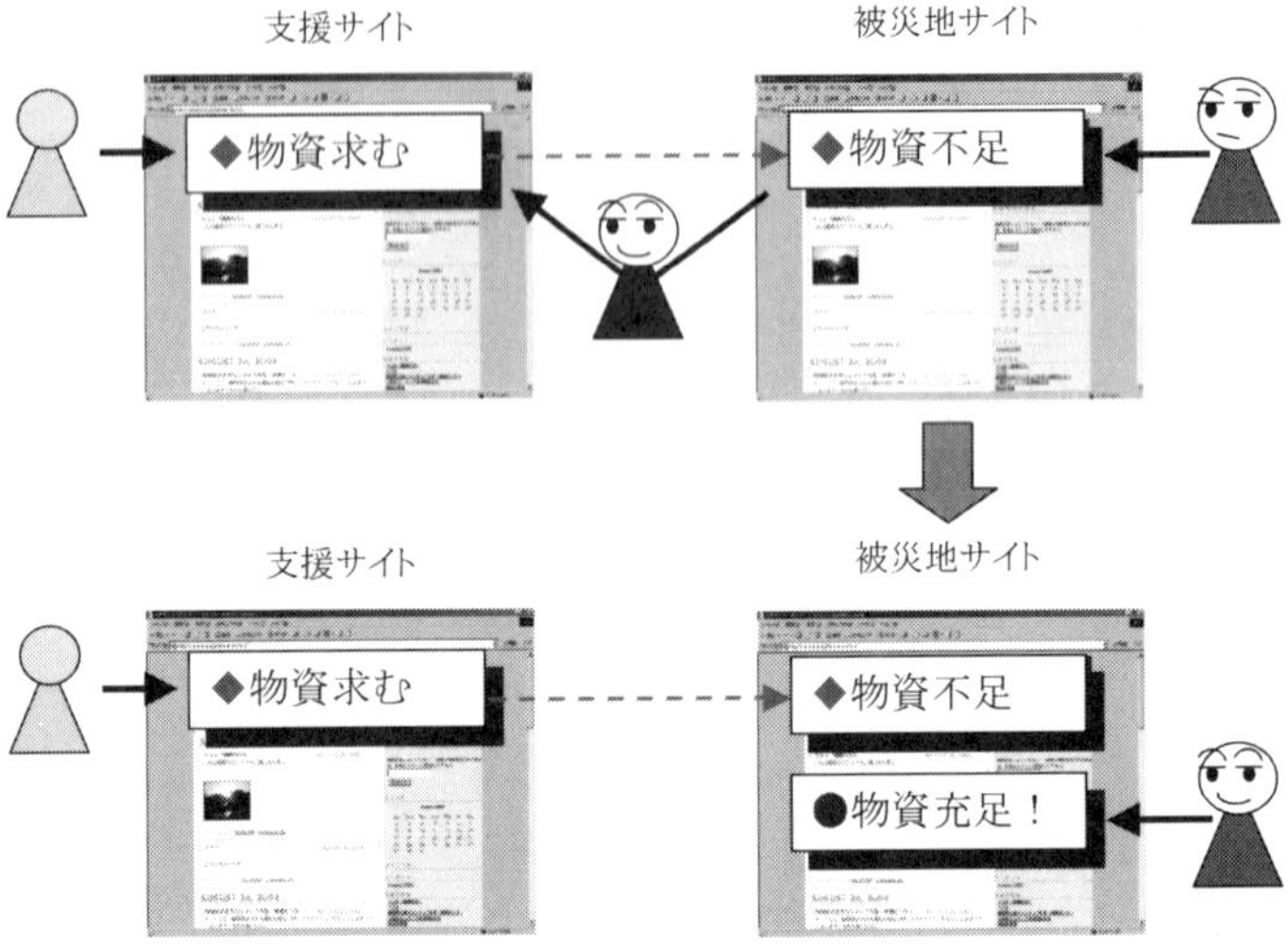

この災害では、情報発信の方法として「ブログ」と言われる日記形式の情報発信ツールが多く用いられた。今日のインターネットのトレンドであり、普段から発信ツールとして使われている。時系列に投稿されたトピック（記事）が表示され、データの流用性やトピックへのリンクに優れている。主に日記など個人出版のツールとして用いられている。

しかし、ブログは情報を蓄積する目的を持つことに問題がある。また、投稿された情報の独立性が高い点にも問題がある。このシステムでは、「物資が不足している」と「物資の不足は解消した」という二つの情報から成り立ってしまっている。

ブログにはトラックバックという機能がある。たとえば、「物資が不足している」という情報から派生した「物資を受け付ける」という情報が別サイトに作成される。「物資の不足は解消した」という情報が元サイトに投稿されても「物資が不足している」という情報が単独で残ってしまうため、「物資が不足している」→「物資を受け付ける」という情報が事実と乖離して残ってしまう。

情報の独立性が高いため「物資が不足している」という情報を中心とした動きを解消する機会が与えられにくい。

しかし、ブログは、携帯電話を利用したメール、とくに写真付きメールの送信によっても投稿でき、いまや万人の携帯情報端末となった携帯電話を利用するという点で広がりを見せている。実際、被災地で携帯電話が情報発信に利用できることは、手軽さという点で非常に有効であった。

これまでのパソコン中心のコミュニティが、携帯電話ユーザーにまで範囲を広げたものである。同時発信による輻輳を避けるために制限される音声通話と異なり、メールなどの通信利用に制限を設けない動きもある。さらにiモードによる伝言掲示板で安否確認が行われ、他のキャリアもこれに続くなど災害時における携帯電話の利用は加速している。

この災害に限らず、被災者の情報共有もしくは支援の需給調整をする被災地内のコミュニティと、支援を目的とした被災地外のコミュニティをどのように結びつけたらよいのかという問題がある。

平時におけるインターネットを利用したコミュニティは、時間や距離といった制約にとらわれないボーダーレスという特徴を持っている。しかし、災害発生時に被災地内と被災地外を一括りにしたコミュニティを形成できると考えてはならない。被災地内の環境は、回線や機材、人材および生

図 4-4　被災地と被災地外をつなぐ

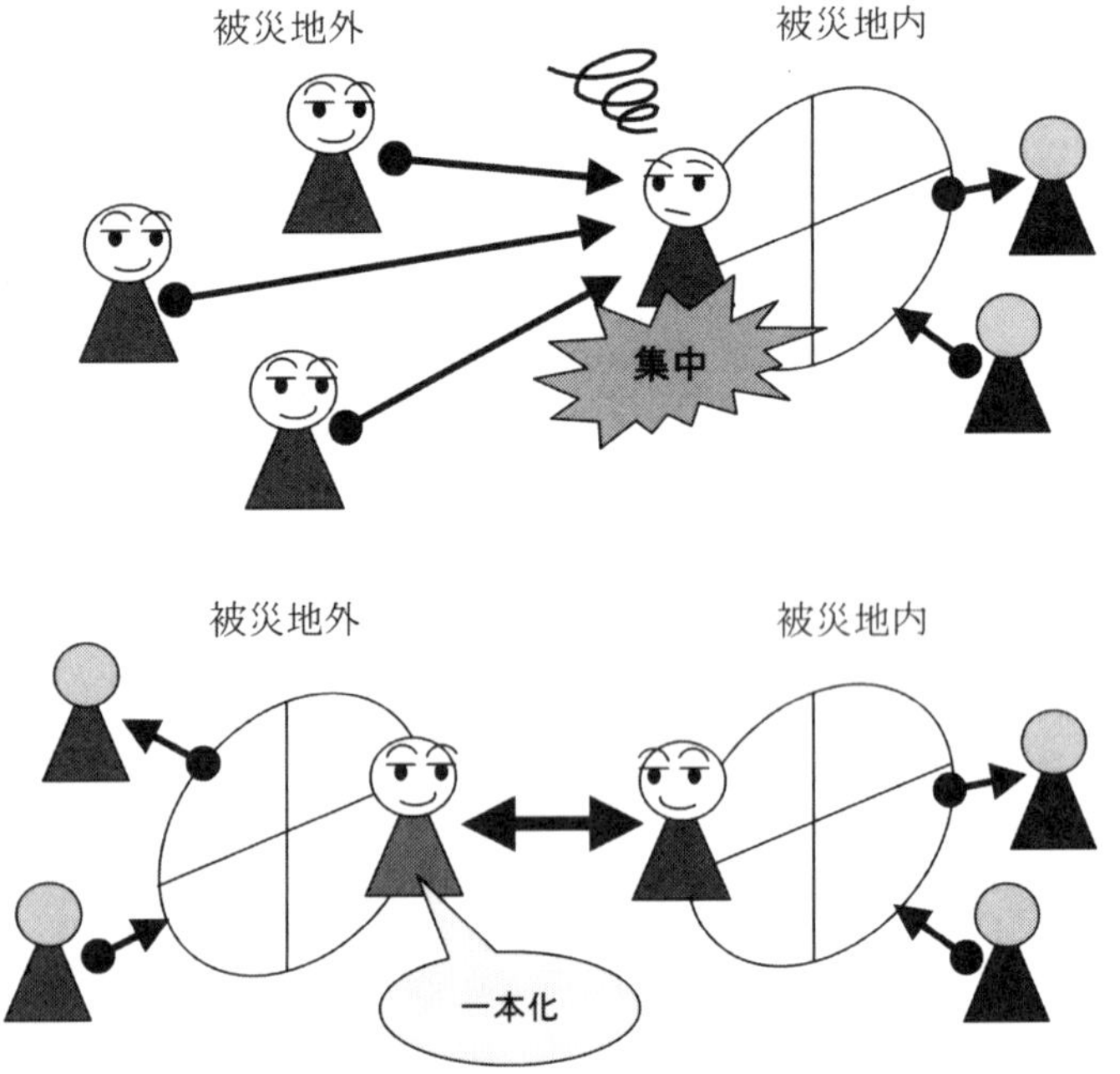

活環境などギリギリのところで運営・維持されている。被災地内では、被災地内に向かった作業に徹しなければならない。とくに被災地外からの問い合わせに多くの労力を割くような事態は避けなければならない。

被災地外からの支援者としては、正確な現地情報をつかみたい。現地情報をインターネットにより収集するだけではなく、現地へ直接問い合わせてつかむ必要がある。活動するにあたっても、現地とのパイプを築くことが重要である。「静岡RB」では、同じ理念で活動している「新潟RB」を現地の窓口として捉え、現地情報の獲得に努めた。この際、静岡県内にあるいくつかのＲＢ組織が別個に行動するのでけなく、一つの組織として情報を集める作業にあたり、現地窓口の負担が増えないように努力した。その他の情報は、すでに現地とのパイプを築いている団体との連絡により確保した。同じ問い合わせを繰り返すなどして現地窓口の負担にならないようにした。このように被災地外の支援組織は情報を共有するために緩やかな結びつきを必要とし、一つの理念や行動で動かなくても、現地情報を中心にした一つのコミュニティを形成しなければならない。

また、現地窓口とのパイプは発災後に模索するのではなく、平時から顔の見える信頼関係を築いておくことが大事である。被災地でも、どの問い掛けに答えれば有効な支援活動につながるのか、顔の見える関係が重要な判断材料になるのである。

災害支援ボランティアのインターネット活用

一九七六年に東海地震の発生が示唆されてから長い年月が経ち、住民も行政も緊張感が薄れていたのは事実である。しかし、阪神・淡路大震災の発生によって震災の恐怖と惨状を目の当たりにし、本当に東海地震への備えは万全なのかを見直す契機になったと思う。

災害支援ボランティアにとって、平時からのコミュニケーションは大変に重要である。いざ、大規模な災害が発生したら、混乱の中でコミュニケーションを確立していかなければならないからである。平時からのコミュニケーションなくして、混乱の中でのスムーズなコミュニケーションは成り立ちにくい。

静岡県でも東海地震に対する備えとして災害支援ボランティア組織が設立されている。しかし、自分の居住地域を守るローカルな組織の場合、認知される範囲もかなり狭く、他の地域に存在を知られる機会はあまりない。被災地外からの支援を期待したり、被災地内で連携したりするならば、平時からのコミュニケーションが大切であり、活動範囲に関わらず認知される範囲は広いほうがよい。従来のような広報誌・チラシの配布では効力のおよぶ範囲がきわめて狭い。

インターネットの普及により、この問題は解決されようとしている。インターネットは個人で手軽に扱え、広い範囲に向けて宣伝できるメディアである。組織はインターネットを利用して活動報告をし、その存在が知られる機会が増えている。すでにインターネットは社会生活へ深く浸透し、コミュニケーション手段として一般的に用いられている。災害支援ボランティアにおいても、団体内での意見交換や情報共有にインターネットを用いて、リアルな活動と同時にネット上のコミュニティを形成している。また、関連団体・個人との間でも時間的あるいは距離的な制約を受けないインターネットによるコミュニティ形成が進み、災害支援というキーワードによって結ばれた輪を作ろうという動きも出てきた。静岡県では、メーリングリストと年一～二回程度の会合によって「地域と防災を考える静岡会議」というコミュニティがはじまり、二〇〇五年現在、一一〇人が参加している。参加者はそれぞれ所属を名乗り個人名で参加している。所属する組織の活動内容や理念は異なり、このコミュニティが一つの活動を行うのではない。災害時支援という目的に沿った緩やかな連携であり、それぞれの立場で情報を提供し、お互いに刺激し合うことが目的なのである。また、平時から顔の見える関係が構築され、いざ何かあった場合には互いに協力できると期待されている。当然、各組織内の連絡にもメールやメーリングリストなどのインターネット技術は用いられている。余暇を利用したボランティア活動であるため、会合は何度も開けず、そのかわりにメーリングリストを用いている。スピード感が組織の活性化につながっている。ただし、意見交換のような場としては、一般的なコミュニティと同様に限界がある。顔の見えないバーチャルな空間では、スキル、成り立ち、信条の異なるボランティアでは対立を引き起こしかねない。インターネットに傾倒せず、顔の見えるようなオフミーティングも併用しながら運営するべきであろう。インターネットは、単に電話やファックスにかわるコミュニケーション手段ではなく、大量でマルチメディア的な情報を共有する際にも威力を発揮する。災害時の活動報告にしろ、従来ならミーティングを開催して写真やスライドやビデオを見なければならないところを、どこでもいつでも自由にそうした情報を見られるのである。インターネットがナローバンドの時代からブロードバンドの時代になり、手軽に大容量のデータの授受が可能になったおかげである。活動において情報共有がインターネット利用の中心になる。

東海地震ドット・ネット

静岡県では、東海地震の被災を想定した取り組みとして、二〇〇〇年九月より静岡県災害情報支

図4-5　ピラミッド型の情報システムからフラットな情報システムに

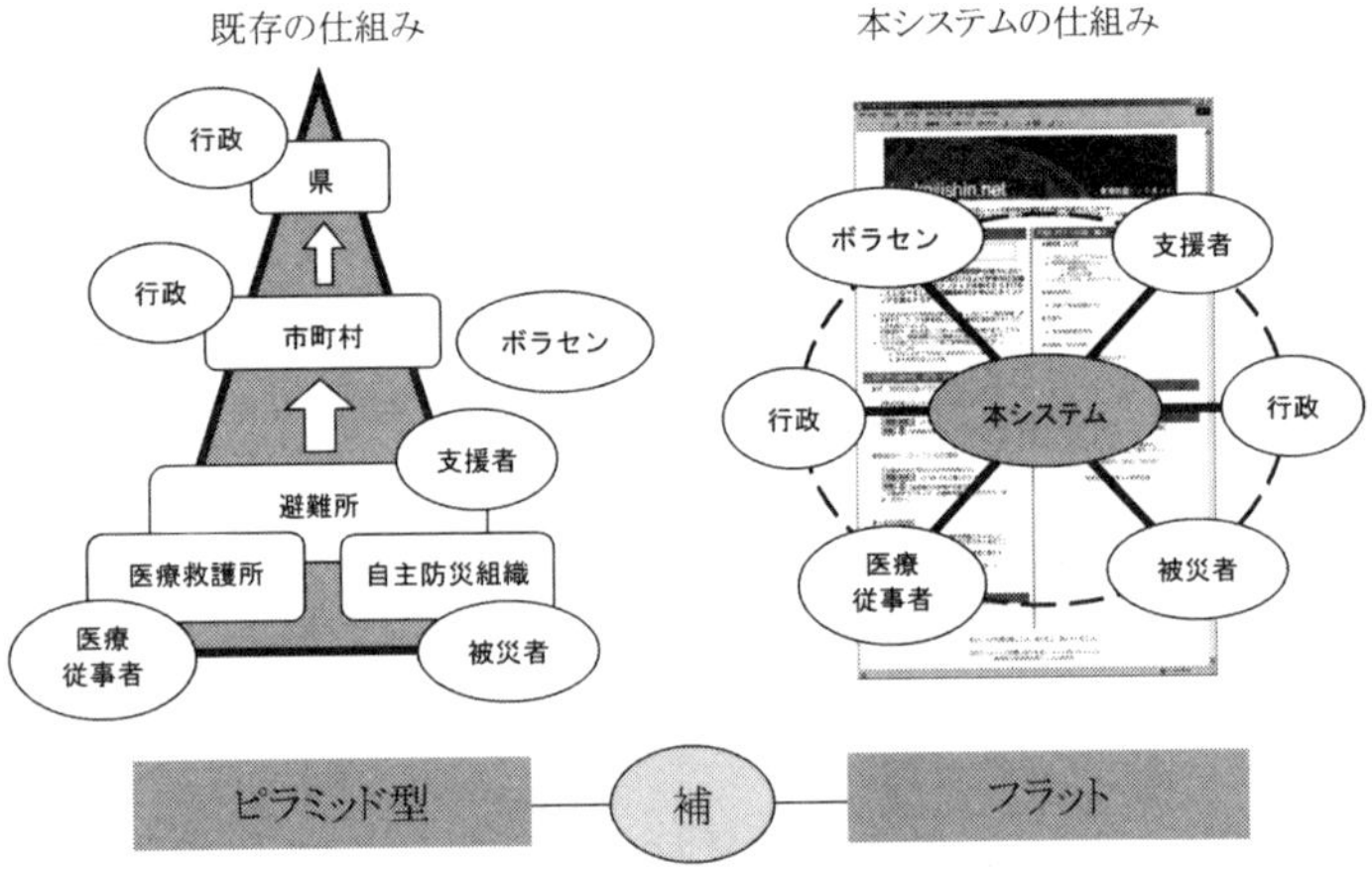

援システム研究会を設置し、これまでの災害時の経験を踏まえて、災害時に利用する情報システムを研究し開発している。この研究会は、行政、NPO、災害ボランティア、学識経験者、ITの専門家などで構成されている。

研究会はまず、行政が構築した現在の情報システムについて問題点を検討した。行政の組織と同様、ピラミッド型の情報システムとなっているが、これは行政の組織運営には必要でも、住民レベルの活動が求めているものではない。発信される情報も直接住民に向けられていない。住民は、マスメディアを通じてマクロ化された情報しか手にできず、本当に有効な情報は入ってこない。支援者も同等の情報しか得られない。

また、情報システムに蓄積された情報は、閲覧者の立場や目的による解釈を加えて、さまざまな情報に生まれ変わる。情報を体系化して整理するのではなく、情報を一律に扱うフラットな情報システムが望まれた。

災害発生時、被災者や支援者が必要とする情報は、住民レベルのミクロな現地情報である。一概には言えないが、行政の情報システムにはミクロな情報は含まれていない。行政のシステムとは違う、住民参加の情報システムが必要であるという結論になった。しかし、行政を切り離すものではなく、公設民営の形式を取り、システムそのものに公的な地位を与えながら、行政の担えない範囲を住民が担うシステムという位置づけにした。設置に行政が協力し、運営方法が民に委ねられている画期的な考えである。

災害時情報は信頼性が大きな問題になる。現地確認が十分に行えない状況だけに真偽の見極めが大変難しい。検討しているシステムは、「ボランティアセンターの利用」、「あらかじめ信頼性が付与された情報」によって信頼性の高い情報を扱うものとした。

東海地震を想定し、設置が計画されている静岡県内市町村のボランティアセンター（ボラセン）の体制に合わせて利用を推進している。情報発信手段をあらかじめ確保しているため、ボラセンの情報発信の手法を統一し、発信側の負担の軽減と、受信側の検索の容易性を高めた。

ボラセンからの情報はセキュリティが施された方法で発信することにし、情報の信頼性を付与した。また、県内の支援組織を対象に情報発信者として登録を依頼し、同様に信頼性を付与した情報発信手段を提供する。不特定多数からの情報も収集する仕組みであるが、信頼性が付与された情報と切り分けて表示されるようにした。

情報を収集して発信する作業は、支援活動の合間にできるものではなく、専任の人員を割く必要があるだろう。情報を収集し発信するボランティアを情報ボランティアと呼ぶが、これからの支援活動に欠かせない存在になると思われる。

現在はシステムのベースにブログを用いているが、パソコンを使った投稿と携帯電話からの投稿について、どのようにテンプレートを与えて必要な情報を得るかという点について試行錯誤している。

情報が集うコミュニティ

支援活動ではリアルなコミュニティが形成される。一方で、インターネット上で情報を中心に形成されるコミュニティも存在する。このコミュニティには人が集まり情報が交換されるのではない。情報が集まり、それを元に活動する人によってコミュニティが形成されるのだ。コミュニティの中心となる情報は、何らかの形で信頼性が付与されているならば、情報の発信者は誰でもよいことになる。これは情報が集うコミュニティと呼ぶべきであろう。

コミュニティを形成するものはあくまでも情報であり、情報発信者になることがコミュニティへの参加を意味するものではない。コミュニティへ参加していない状態で一方的に情報を提供するだけの存在にメリットを感じることができないと思われる。いかにインセンティブを与えるか、被災者個人の参加の動機付けに苦慮する。情報を発信することが、被災者の救済活動につながることを

図4-6　情報が集うコミュニティ

啓蒙活動や訓練を通じて明らかにしていかなければならない。

現地で支援活動をしながら同時に情報を発信しようとしても、支援活動自体で手一杯になり、発信が遅れたり発信を断念したりすることが多かった。活動を支える情報を集めて発信するところに特化した活動があってもよい。

東海地震ドット・ネットでも、実証実験は「情報ボランティア」の必要性を訴えることや育成することも目的にしている。これまでにも自主防災訓練の模様やお正月の風景を切り取る情報収集訓練を実施してきた。まだまだ情報ボランティアの認知度は低いが、eを活用していく上で、これから最も必要になると思われる活動である。

情報が集うコミュニティは情報が主役であるが、それを支える「情報ボランティア」という黒子の存在が成功のカギを握っている。また、情報がサイトに投げ込まれ、ｅによるネットワークの力で情報の連鎖が生まれるとしても、それをリアルな活動に結びつけるには、人の力に依るところが大きい。ｅによる情報が集うコミュニティと人が集うリアルなコミュニティの間に敷かれた人のつながりというインフラが大切なのである。

第5章

eセラピー

今在慶一朗

eセラピーとは

近年、「心のケア」の必要性が説かれ、さまざまな場所でサイコセラピーを受けられるようになってきた。自治体の精神保健センター、大学の学生相談所といった以前からある相談施設に加え、最近では、精神的な悩みを抱えた人々が気軽に利用できる精神科クリニックや、中学校・高等学校に生徒・保護者・教員のためのカウンセリングルームが開設されるようになり、その形態は多様化してきている。

ICTは、こうしたサイコセラピーにも取り入れられつつある。「資格を持ったメンタルヘルスの専門家が電子メール、ビデオ、バーチャルリアリティ、チャット、もしくはそれらを組み合わせて提供するメンタルヘルスサービス」をeセラピーという(1)。

日本では、現在までのところ、コンピュータ・コミュニケーション（CMC）を通じたサイコセラピーは、それほど盛んであるというわけではない。その理由としては、直接対面すること（FTF）なく対応しただけではクライエントに関する情報を十分集められず、適切な対策をとることができないという危惧があるからである。

しかしながら、確かにコンピュータや電子ネットワークが新奇なものであるにしても、サイコセラピーは、これまで対面コミュニケーションのみによって実施されてきたわけではない。たとえば、精神保健センターや民間ボランティアの「いのちの電話」など、従来から対面コミュニケーションでない相談活動もある。

現在、社会問題化している不登校や引きこもりといった不適応者について考えてみよう。従来のサイコセラピーでは、クライエントは相談室まで出向かなければならなかったが、不登校や引きこもりに悩む人々にとって外出は容易なことではない。サイコセラピーにコンピュータ・コミュニケーションを導入すると、これまでサービスを受けにくかった人々も、十分にその機会を利用できるようになる可能性があるといえる。

CMCの弱点――非言語コミュニケーションの欠如

コンピュータ・コミュニケーションによるセラピーで、最も重要な課題が非言語コミュニケーションの欠如である。言語による情報の伝達を「言語コミュニケーション」といい、表情、身振り、声の調子、視線、発言の間のとり方など言語以外の方法で行われる情報伝達を「非言語コミュニケーション」という。

「発言内容」、「顔の表情」、「声の調子」に関するある実験によれば、伝達される情報の五五%を顔の表情が、三八%を声の調子がになっており、発言内容によって伝えられる情報の割合はわずか七%であるといわれる(2)。三つの変数のうち、発言内容が言語コミュニケーション、声の調子と顔の表情が非言語コミュニケーションにあたるが、コミュニケーションの実に九三%は非言語コミュニケーションによって構成されていることになる。言語内容が伝達される情報の七%しか占めていないという結果について、抵抗を感じる読者もいるであろうが、昼時に友人と目があい、うなずきあって、何も言わずにそのまま連れだって食堂へ向かうようなことを考えてみればわかるように（この場合は言語内容の貢献度は〇％）、普段、われわれは非言語コミュニケーションによって多くのコミュニケーションを済ませている。

むろん、この実験結果は、実験室で行われたものであるため、現実のすべての状況にあてはまるわけではない。複雑な情報を伝達するときには、言語内容の比重が大きくなるだろう。

非言語コミュニケーションは、単に情報量が多いばかりではない。非言語コミュニケーションには、言語コミュニケーションには見られないような表５-１に示す六つの働きがある。[3] たとえば、話をしている相手に対して、ある異性に好意を持っているのかたずねたとしよう。これに対して「やだ！　まじおわってる！」という回答が返ってきた場合、言語内容だけでは、①とんでもない誤解で不愉快だ、②恥ずかしいけれど図星だ、もうそのことには触れないでほしい、③そんな気はないが、そんな風に思われたなんてこっけいだなど、いかようにも解釈が可能であり、すぐに真意はわからない。ところが、これに、両手で口を押さえ、早口でニコニコしながら発言し、あわただしく話題をかえた様子が加われば、そこに含まれる「相補性」や「抑揚」、あるいは「調節」が働き、②であることがすぐにわかるはずである。

また、非言語コミュニケーションには言語コミュニケーションと比較して、意識的なコントロールが難しいという特徴がある。つまり、言語コミュニケーションのように、伝えようとして情報が伝わるのではなく、非言語コミュニケーションは本人が意図しないうちに情報を伝えてしまうこと

表5-1　非言語コミュニケーションの機能

機能	説　明	例
反復	VCの意味内容を繰り返す	「違います」と言いながら，手を横に振る
矛盾	VCの意味内容と矛盾する情報を送る	「平気です」と言いながら，涙を潤ませる
代用	VCを使わずに，伝えたい情報を送る	「あきれた」と言う代わりに，ため息をつく
相補性	VCの意味内容だけでは伝わらない情報を送る	「ばか」と言いながら笑顔を見せ，「面白い」と言う気持ちを表す
抑揚	VCに含まれる意味内容のうち，強調したい部分を示す	「ぜひ，お願いします」の「ぜひ」の部分をはっきり言い，切実さを示す
会話の調節	相手に話を続けるように合図したり，やめるよう合図する	うなずいて話を促す．相手の話をさえぎって話しはじめる

があるのである。たとえば、表情がこわばり、視線が定まらず、小さい声で「全然平気！」と話す様子は、表5-1の「矛盾」に相当するが、発言内容と食い違う非言語コミュニケーションが自動的に生じることによって、話し手の感情や思考内容が事実に反していることを伝えてしまう。

このように、非言語コミュニケーションには多くの情報を伝える働きがあるが、このことは言い換えると、非言語コミュニケーションがない状況では、話している相手の気持ちや考えを推測することが大変難しいことを意味している。サイコセラピーでは、クライエント（相談を持ちかける人）の動機や感情を理解する必要があるが、その際には非言語コミュニケーションは重要な情報源となる。このため、非言語コミュニケーションが欠如するコンピュータ・コミュニケーションでは、援助・治療活動がより一層困難になるといえる。

セラピーにおけるICTツールの特性

一口にコンピュータ・コミュニケーションといっても、利用できるツールはさまざまである。表5-2は、eセラピーにおけるICTツールの特性を暫定的に整理したものである。通常の対面コミュニケーションによるサイコセラピーを基準にすると、非言語コミュニケーションについては対面コミュニケーションよりも優れた伝達方法はない。しかし、すべての側面について対面コミュニケーションが優れているというわけではない。

①空間的制限。対面コミュニケーションではクライエントが相談室に出向かなければならないが、コンピュータ・コミュニケーションツールの多くがそのような制限を受けない。電子会議システムについても、家庭用パソコンの高性能化、テレビ電話の普及といった技術の進歩によって、近い将来、空間的制限を受けないようになるかもしれない。

②同期性。同期性が必要でないツールでは、クライエントはいつでも都合のよいときに情報を発信することができる。さらに副次的な効果もある。対面コミュニケーションのカウンセリングでは、セラピスト（相談を受ける人）はクライエントの発言に対し、その場で即答を求められる。しかし、同期性が前提とされていないツールを使えば、十分にコメント内容を検討したり、他のセラピストに助言を求めたりしたうえで回答することができる。ただし、同期性を前提としないツールを利用

する際は、クライエントの不安に対する配慮も必要だろう。クライエントは自分の気が向いたときに情報を発信するだろうが、これに対する回答が遅れる場合、クライエントはフラストレーションを感じたり、セラピストに悪意を持つ可能性がある。

③モダリティ。文字情報だけでなく、画像、音声、そして動画といった複数の伝達手段が使用可能なウェブページには、もっぱら会話によってのみ進められる対面コミュニケーションにはない機能がある。ただし、ウェブページを除けば、文字を介して情報を伝達するツールがほとんどである。

ツールの特性

モダリティ	匿名性	方向性	関係
発話	低い	双方向	二者
発話	高い	双方向	二者
発話	低い	双方向	二者以上
マルチ	高い	一方向	二者以上
文字	高い	双方向	二者以上
文字	低い	双方向	二者
文字	低い	一方向	二者以上
文字	高い	双方向	二者以上

④匿名性。セラピストが特定のクライエントと継続して関わるためには匿名性が低い方がよい。だが、精神科やカウンセリングルームを利用することに抵抗を感じている人、偏見を抱く人の場合、匿名性が高いツールがあれば相談機関へアクセスしやすくなるだろう。

⑤コミュニケーション関係。対面コミュニケーションで行うセラピーでは、カウンセリングのようにクライエントとセラピストの二者間で行われるもののほかに、グループエンカウンター（複数の参加者がファシリテーターと呼ばれる専門家のもとで対話し、人格的成長を図るサイコセラピー）や後述するセルフ・ヘ

表5-2　セラピーにおけるCMC

		NVC	空間的制限	同期性
FTF		豊富	相談室	同期
電話		やや少ない	なし	同期
CMC	電子会議システム	やや少ない	相談室	同期
	ウェブページ	少ない	なし	非同期
	ウェブページ（掲示板）	少ない	なし	非同期
	メール	少ない	なし	非同期
	メール（メーリングリスト）	少ない	なし	非同期
	チャット	少ない	なし	非同期

ルプグループのように集団で実施されるものもある。こうした集団間のコミュニケーションを前提としたセラピーを実施するためには、参加メンバーを募り、スケジュール調整をしなければならない。だが、コンピュータ・コミュニケーションの場合、同期性を前提としないため、そうした手間がかからない。クライエントは、手軽にファシリテーターや他の同じような境遇の人々と双発的なコミュニケーションを体験することが可能である。

⑥方向性。コンピュータ・コミュニケーションにはコミュニケーションの方向性が双方向のものと一方向のものがある。このうち、一方向のものは対面コミュニケーションに比べ劣っているように思われるかもしれないが、使い方次第では対面コミュニケーションにはないはたらきを期待できる。基本的に、一方向の情報伝達ツールでは、不特定多数の人を対象に、一般的な情報を送ることができる。たとえば、以前カウンセリングを受けた人を対象としたメーリングリストを使って、アフターケアに関する情報を提供することができるし、これからケアを受

けたいと思っている人に、ウェブページでメンタルヘルスに関する情報や相談機関の情報を提供することができる。とくにウェブページの場合、情報をほしいと思う人は、ハイパーリンクや検索エンジンを使って、容易に情報を入手することができる。

このように、非言語コミュニケーションが欠如するコンピュータ・コミュニケーションには、対面コミュニケーションにはない長所も豊富にある。このため、セラピーにコンピュータ・コミュニケーションを導入しようとする際には、各ツールの特性を理解したうえで、目的にあったものを選び、また、選んだツールどうしや対面コミュニケーションとの組み合わせを図ることが必要だろう。

テレビ会議システムによるカウンセリング

カウンセリングは、もともと、対面によるコミュニケーションを通じて行われることを前提としている。現在、最も対面コミュニケーションに近いツールとして、テレビ会議システムがある。テレビ会議システムとは、離れた複数の地点にある会議室どうしを電話回線などで結び、各会議室の映像と音声を他の会議室に伝えるシステムである。もともと、このシステムは文字どおり会議のために利用される目的で開発されてきたが、離れた場所にいる人々が互いに顔を見ながら話ができるという特性から、カウンセリングにも使用される。その一例として、北海道教育大学の保健管理センターにおける利用状況を紹介しよう(4)。

北海道教育大学は、道内の札幌、岩見沢、旭川、釧路、函館の五か所にキャンパスが分散している。各キャンパスはそれぞれ保健管理センターを設置し、そこに学生の相談に対応する相談室を置いている。各キャンパスには一学年二〇〇名程度の学生しかいないため、札幌以外のキャンパスでは、常時、セラピストが待機しているわけではなく、非常勤のセラピストが週に一、二時間程度相談室を訪れることになっている。このような相談体制を補う手段として、センターでは、以前から電話相談を行ってきた。電話相談では、クライエントが自宅や携帯電話から直接相談するのではなく、センターの専用電話を使って札幌のセラピストと接触する方法を採っていた。

電話会議システムは、一九九六年度より電話相談に代わる方法として導入された。各キャンパスのセンターには、CPUを備えたコミュニケーションターミナル、液晶ディスプレー、カメラが設置されている。これらは、いずれも卓上に設置できるほど小型である。図5-1に示したように、カメラが取り込んだ情報は、ターミナル→キャンパス内のLAN→キャンパス間を結ぶWAN→相手キャンパスのLAN→相手のターミナル→ディスプレーという経路で伝えられる。一秒間に二Mbps、最大三〇フレームの画像を伝送できるため、画面に映る相手の動作に不自然さはない。

しかし、電子会議システムには、経由するネットワークが混雑すると情報伝達が遅れるという問題がある。このセンターが使用しているシステムの場合、自動レート制御機能によって画像のフリーズやコマ送り状態は発生しないが、音声が不安定になることがある。そこで、センターでは、テレビ会議システムを使用する際には、別に電話回線を使って、コミュニケーションをとるという変則的な工夫をしている。つまり、テレビ画像がついた電話相談であるが、こうした方法によって、

図5-1　テレビ会議システムによるカウンセリング

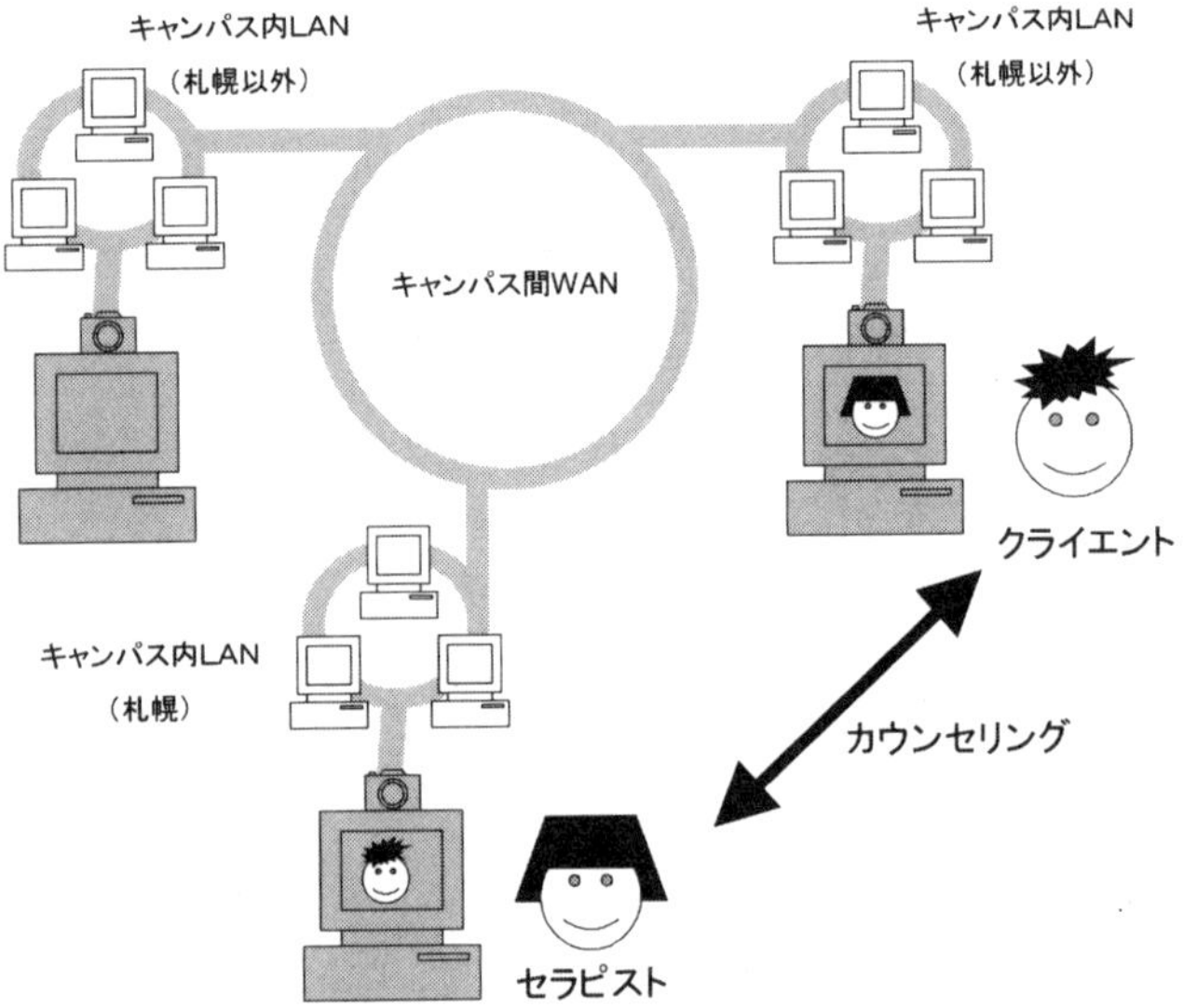

非言語コミュニケーションがある程度補完されている。

将来的には、このようなテレビ会議システムの代わりに、近年サービスが開始されたテレビ電話を利用することができるかもしれない。テレビ会議システムでは、一つの画面を分割したり切り替えたりして、複数の箇所にいる人々が同時に会議に参加できるようになっているが、クライエントとセラピストが一対一で会話できればよいカウンセリングでは、そうした機能は必要なく、テレビ電話の機能だけで十分である。テレビ電話の場合、センター側に必要な準備は、セラピスト用のテレビ電話だけであり、ネットワークに関する面倒な設定も必要ない。また、クライエントだけでなく、セラピストの方もカウンセリングの場所を制限されない利点もあるといえる。

だが、相談者の様子を画像で確認できるからといって、対面コミュニケーションとまったく同じようにコミュニケーションをとれるわけではない。たとえば、距離の取り方や姿勢はクライエントの気持ちや考えを推測するために役立つ情報となるが、平面の画面に相手の胸から上の部分しか映らない画像では、こうしたポイントを確認することは難しい。また、画面とカメラの両方に同時に視線を向けることができないため、利用者は互いに視線を交錯させながら話をすることはできず、視線の向け方を手がかりとして相手の様子を知るのも困難である。

電子メールによるカウンセリング

電子メールは、テレビ会議システムと比べると、気軽に利用できるツールである。しかし、テレビ会議システムでは、画像を通じて相手の様子を知ることができるのに対して、電子メールで利用できるのは文字だけであり、利用者は、いちじるしく非言語コミュニケーションが少ない状態に置かれる。このため、電子メールを使うセラピストは、非言語コミュニケーションがほとんどない状態でクライエントを理解しなければならないし、クライエントに対して誤解されるような文章表現を使用しないよう注意しなければならない。とくに、クライエントの中には、妄想を抱きやすい者や、他者の発言に悪意を感じやすい者もいるが、そうした人々を相手に、誤解を招かないようにすることは容易ではない。電子メールは、手軽な情報伝達ツールである反面、セラピストに高度な読

表5-3　電子メールによるカウンセリングの応答例

クライエント

○○大学２年の女子です．大学に行く気がしません．この大学の授業はホントにつまらないし，こんなこと勉強して何になるのかって思います．もともと，滑り止めで受けた大学だったのですが，第一志望が不合格で，仕方がなく入学しました．去年は，仮面浪人してもっといい大学に行きたいと思い，受験勉強をしようと思ったのですが，単位を落としてはいけないと思って，大学の授業にずるずると出たりしているうちに１年が過ぎてしまいました．たくさん単位も落としてしまいました．どうしたらいいでしょう．

セラピスト

我慢して勉強した授業の単位を，思うように取ることができず，とてもつらかったと思います（a)．また受験勉強をしたいとは思うものの，大学の授業を犠牲にしてまで受験勉強に打ち込む決心がつかず迷っているのですね（b)．ところで，送っていただいたメールの文章だけではわからなかったのですが，『いい大学』というのは，どのような大学でしょうか？できればそうした大学のイメージをもう少し詳しく教えてもらえないでしょうか？（c)．

解力と表現力が要求されるツールであるといえる。

ところで、カウンセリングといっても、その方法は一種類ではなく、援助・治療の方針もさまざまである。ここでは、わが国で最も広く利用されている来談者中心療法(5)について簡単に取り上げよう。この療法では、クライエント自身が自己の意識的・無意識的な様子について振り返り、人格的に成長できるよう援助することが目的とされる。具体的には、①クライエントを情緒的にサポートする、②クライエントの発言をうながす、③発言された内容を整理・確認するといったことがカウンセラーのおもな作業となる。

表５-３はクライエントから送られてきた訴えとそれに対するセラピストの応答を

記したメールの例である。「我慢して～」(a)および「受験勉強をしたいとは～」(b)の個所では、クライエントの発言をまとめ（③）、同時にクライエントの気持ちに理解を示している（①）。また、「送っていただいた～」(c)の個所では、クライエントの動機を明らかにするための問いかけを行っている（②）。こうした応答は対面コミュニケーションと本質的に変わらない。

他方、電子メールによるカウンセリングには、記述する行為そのものの治療効果もある。まず、筆記という行為には、考えないようにしている不快な出来事へ注意を向けさせてそれに慣れさせる働きがあるとされ、こうした働きが感情を調節し、心身両面の健康維持に役立つといわれている[6]。また、電子メールには、日記のようなものと異なり、読む相手を意識しながら文章を作成する行為が含まれるため、客観的な視点から自己をとらえさせる効果がある[7]。このため、メールを記述する作業は、混乱しているクライエントが、他者の視点に立って、冷静に自己の問題を整理しなおす機会になる。

インターネットにおけるセルフ・ヘルプグループ

サイコセラピーには、従来から直接専門家が介入しない方法もあり、その代表として「セルフ・ヘルプグループ」がある。セルフ・ヘルプグループとは、共通の問題に悩む人々が集まって、互いに情緒的に支えあい、人格的な成長をはかるグループである。

セルフ・ヘルプグループは、薬物やアルコールなどの依存症を対象として活動することが多い。

依存症には、本人が問題行動をやめたいと思っていても、自分ではやめることができないという特徴がある。そこで、同じ問題を抱えた人々が集まり、相互に監視しあい、また励まし合うことによって、問題となる行動をやめようとするのである。

セルフ・ヘルプグループでは、専門家が直接援助活動を行うことはあまりないが、必要があればすぐに対応できるよう連携したり、ボランティアとして補助的な役割を果たしたりすることが多いようである。また、薬物依存症のためのセルフ・ヘルプグループでは、依存を克服した人が世話人を担当しているケースが多いが、やはり医師のような専門家ではない。

近年、このようなセルフ・ヘルプグループの活動でもコンピュータ・コミュニケーションツールが利用されるようになっており、ホームページを開設して、共通の問題を抱える人々に有益な情報を伝えたり、グループへの参加を呼びかけたりしている。また、電子掲示板を使ってメンバーの交流の場を提供しているサイトもある。

ところで、インターネット上には、個人が、心理的な問題に関する情報を発信するサイトがある。こうした個人によるサイトの中には、これを見た人たちが情報交換を行い、インターネット上でセルフ・ヘルプグループとして機能しているようにも見えるものもある。

たとえば、「リストカット」や「アームカット」といった自傷行為（若者の間では「リスカ」、「アムカ」と呼ばれている）をテーマにしたサイトでは、サイトの開設者が、日常の生活ぶりを記すとともに、実際に刃物で切った自分の腕の画像を公開したり、投稿された他人の傷の画像を掲載したりしている。自傷行為は、周囲から非難を受けることが多いため、自傷行為を繰り返す人たちは、こうしたサイトでコミュニティを形成し、自傷に関連する経験や気持ちを交換している。

自傷行為をするすべての人にあてはまるわけではないが、その原因の一つに、「ヒステリー機制」があるといわれる(8)。ヒステリー機制とは、他者の関心を引くために特定の行動を発生させる心的過程のことである。リストカットの様子を多くの人に見せられるICTツールは、ヒステリー機制を持った人にはとくに都合のよい媒体といえる。

また、「自殺サイト」と呼ばれるサイトでは、自殺の方法が詳しく掲載されていたり、これに関心のある人々が自殺希望者を募る目的で、電子掲示板を利用したり、メールアドレスを交換したりしている。大半の利用者は興味本位でサイトを見ているのだろうが、なかには真剣に自殺を考える者もおり、希望者が集まって、集団自殺する事件が近年、相次いでおこっている(9)。

こうした心理的な問題を扱ったサイトは、一見すると同じような悩みを持った人々が集まって開設された、インターネット上のセルフ・ヘルプグループのようにも見えるが、以下の二点で異なっている。第一に、治療・成長が主要な目的とされないことである。「リストカット」のサイトを例にとると、「いつか、やめなきゃとは思うけど……」という記述は見られるものの、自傷行為をできるだけ早くやめようとしてサイトが開設されているわけではない。むしろ、自傷を表現し、それに対する理解を求める場として利用されているようである。

第二に、たとえ、障害や悩みを解決したいと思っている人が運営するサイトであったとしても、開設者が適切な治療方法を知らないことである。セルフ・ヘルプグループでは、障害や悩みを解決するための具体的なプログラムが確立されているし、プログラムを実施していくなかで、必要に応じて専門家から助言を受けることができる。これに対して、個人が開設したサイトでは、ウェブページや電子掲示板に、悩みが漫然と語られるだけで、サイトの活動によって、実際に問題や悩みが解消されることはまれだろう。

セラピストの課題

時間や場所の影響を受けにくいＩＣＴの発達は、セラピストへのアクセスを容易にさせた。精神的負担、身体の不自由、地理的条件などの理由で、施設を利用できなかった人々が、援助活動を受けやすくなることは望ましい。

しかしながら、ＩＣＴツールの導入はクライエントのアクセスを容易にする一方で、セラピストに新たなスキルを要求することになるだろう。それは、ｅセラピーを行うためのコンピュータ・リテラシーである。

ＩＣＴの発達に伴って、将来的には対面コミュニケーションでないことを気にせずにコミュニケーションできるツールが開発されるかもしれないが、当面は、文字による応答が主要なコミュニケーションであり続けるだろう。このため、セラピストは、読解力や表現力を十分に養う必要がある。また、現在、コンピュータ・コミュニケーションを通じてクライエントを援助しようとしても、従来の対面コミュニケーションを前提に体系化された技法を使うしかない。そこで、セラピストは、コンピュータ・コミュニケーションによる技法への影響を的確に捉えたうえで、セラピーの効果が十分に発揮されるよう、適切にツールを選択できなければならない。さらに、コンピュータ・コミュニケーションには対面コミュニケーションでは考えられなかったような心理的効果があるとすれば、それを意図的に活用していくことも必要だろう。

注

（1） M. Manhal-Baugus, 'E-Therapy : Practical, Ethical, and Legal Issues,' *CyberPsychology and Behavior*, Vol. 4, 2001, pp. 551-563.

（2） A. Mehrabian and M. Wiener, 'Decoding of inconsistent communications, *Journal of Personality and Social Psychology*, Vol. 6, 1967, pp. 109-114.

（3） P. Ekman, 'Communication through nonverbal behavior. A source of information about an interpersonal relationship,' in S. S. Tomkins and C. E. Izard（eds.）, *Affect, cognition and personality*, New York Springer, 1965, pp. 390-442.

（4） 徳田完二・久保光正「テレビ電話相談システムを用いた学生相談」『CAMPUS HEALTH』第三六巻、二〇〇〇年、二五九〜二九九頁。

（5） C. Rogers, *Client-Centered Therapy*, Houghton Mifflin, 1951 ; C. Rogers, 'The necessary and sufficient conditions of therapeutic personality change,' *Journal of Consulting Psychology*, Vol. 21, 1957, pp. 95-103.

（6） S・レポーレ、M・A・グリーンバーグ、M・ブルーノ&J・M・スミス「情動の筆記と健康

――情動と関連した体験、生理、行動の自己調整」S・J・レポーレ&J・M・スミス編／余語真夫・佐藤健二・河野和明・大平英樹・湯川進太郎訳『筆記療法』北大路書房、二〇〇四年、九七〜一一五頁。

（7）仲田洋子「不登校児本人とのやりとりを通して」小林正幸（研究代表者）『研究成果報告書　不登校児童生徒および教育関係者支援のための電子メール相談の開発と効果に関する研究』、二〇〇一年、六五〜七二頁。

（8）安岡誉「自殺企図・自傷行為」『臨床精神医学』第二五巻、一九九六年、七六七〜七七二頁。

（9）日本でインターネットを利用した集団自殺が相次いで発生したことは、オーストラリアでも報道された。このことがきっかけとなって、オーストラリア政府は、インターネット上の自殺関連サイトの管理者に対し、最高五五万豪ドル（約四五〇〇万円）の罰金を科す法案の導入を決めた（「豪、自殺サイト運営に罰金――日本のネット心中きっかけ」『読売新聞』二〇〇五年三月一一日）。

第Ⅲ部　海外の先進事例

第6章

アメリカ合衆国

野口智子・土屋大洋

米国政治と情報技術

米国は民主主義の国を自負してやまない。米国では、「情報は民主主義の通貨である」ともいわれる。そうした国で情報技術が進化することは、民主主義の進化と深く結びついている。セオドア・ルーズヴェルト大統領は、大恐慌時代、直接国民に訴えかける手段としてラジオを使い、ホワイト・ハウスの暖炉のそばから語りかける「炉辺談話」といわれるスタイルを打ち出した。一九六〇年のリチャード・ニクソン対ジョン・F・ケネディの大統領選挙では、テレビで中継された討論会が勝敗の行方に大きな影響を与えた。

インターネットのようなデジタル技術もこうした文脈で考えれば、民主主義あるいは米国政治と密接に結びついている。いいかえるなら、米国政治が情報技術としてのインターネットを大いに活用するのは当然だといえるだろう。

しかし、インターネットだけがデジタル技術ではない。インターネットが世に普及する前の一九七〇年代から、高価だがコンピュータが徐々に行政情報処理に導入されるようになった。最初はミサイルの弾道計算など国防中心だったが、やがて一般行政事務にもコンピュータが応用されるようになる。

電子政府の構築に向けた取り組みが本格化するのは、一九八一年に成立したロナルド・レーガン政権のころからである(1)。一九八〇年代半ばの米国の経済は、財政赤字を抱えていたうえに、民間部門の生産性が下がり国際競争力の低下が問題とされていた。レーガン政権は「悪の帝国」ソ連に対抗するため防衛費増強を進める一方で、保守革命を旗印に小さな政府を指向する政策を展開した。その一環として行政改革が進められ、民間主導の産業育成、政府の役割の縮小が重視された。コンピュータはそうした目標追求のための重要なツールとして位置づけられた。

クリントン政権期に本格始動

共和党のレーガン政権の方針は、同じく共和党のブッシュ政権をはさんで、一九九三年に成立した民主党のクリントン政権でも継承され、連邦政府は産業競争力を強化するためにＩＣＴ産業の育成に力を入れた。中心になってＩＣＴ政策を提唱したのはゴア副大統領であった。ゴア副大統領は上院議員時代に「ハイテク・セネター（上院議員）」と呼ばれ、ＩＣＴ分野に積極的に取り組んでいた。ゴア副大統領は、クリントン政権成立後の一九九三年にはＮＩＩ（全米情報基盤）、一九九四年にはＮＩＩを全世界に拡張させたＧＩＩ（世界情報基盤）を発表した。ＮＩＩで掲げられていた目標の一つが電子政府政策であり、現在の電子政府政策の直接的な出発点となっている。ＮＩＩを構築し、政府がそれを積極的に利用することで行政の業務を効率化し、オンライン上で行政サービスを提供して市民生活の向上、企業活動の効率化をめざした。

一九九三年三月、クリントン政権は行政改革の施政方針である「リインベンティング・ガバメント」を発表し、九月に専門委員会を設置した。リインベンティング・ガバメントは、①政府の規模の縮小、②国民最優先、③官僚主義の排除、④職員への権限と責任の委譲という四大方針を掲げ、政府そのもののあり方にまで触れた。専門委員会による提言書「情報技術による行政改革」では、電子政府を構築するために必要な実施項目が網羅されていた。クリントン政権のイニシアティブで成立した「ガバメント・パフォーマンス・アンド・リザルト法」は、もともとは連邦・州政府、自治体の業務遂行能力の向上をめざしたものだが、政府におけるICT活用の取り組みが多く含まれていたため、後の電子政府の発展に大きな役割を果たしたと関係者に認識されている。こうしてみると、クリントン政権による行政改革が推進された一九九三年が米国の電子政府政策の始動期といえるだろう。

加速する電子政府政策

クリントン政権がこのように電子政府の重要性を政策として打ち出したものの、すぐにあらゆる機関がその重要性を認知していたわけではなかった。電子政府の構築が加速したのは、連邦政府内の行政改革が進み、米国社会において情報化が進展した一九九五年前後からである。一九九五年にはマイクロソフト社からウインドウズ95が発売され、一般の人でも比較的簡単にインターネットにアクセスできるようになった。インターネット利用者の増加は、行政サービスをオンラインで提供してほしいという要望を高めた。それにともない、電子政府・電子自治体の構築を推進するために必要な組織や法律が整備されていった。このころの連邦政府の政策は大筋で二つに分けて考えることができる。第一に、「文書の電子化」であり、第二に「情報インフラへの投資」である。

まず、文書の電子化については、一九九五年に「文書削減法」が制定された。これはレーガン政権時の一九八五年に策定された「書類削減法」の改正版で、政府内の書類を削減するために情報技術を利用することを明文化した。さらに一九九八年には「政府文書削減法案」が制定された。これによって、二〇〇三年までに情報をすべて電子的に作成・配布・保存することが目標となった。この法律は、電子政府・電子自治体の構築に大きな役割を果たしたといわれ、紙を用いた業務プロセスを見直し、簡略化させることになった(2)。

情報インフラへの投資については、一九九六年に制定された「情報技術管理改革法（別名クリンガー・コーエン法）」が挙げられる。同法は、すべての省庁に、予算立案プロセスに情報化投資計画と結果評価報告を入れること、そして情報技術だけでなくすべての情報資源を管理・運用する責任と義務が与えられる「チーフ・インフォメーション・オフィサー（ＣＩＯ）」の設置を義務づけた。また、各省庁に独自のウェブサイトの設置も義務づけた。そのため、情報技術管理改革法は電子政府の基盤をなすことになった。

さらに、行政の透明性を向上させ、国民の情報を入手する権利を保障するには情報公開に関連する法律が不可欠である。そのために制定されたのが、一九九六年の「電子情報自由法」（一九六六年に制定された情報自由法〔情報公開法〕の改正）である。これによって、同年一一月以降に各省庁で作成された情報は一部の例外を除き、一年以内にインターネットなどを通じて公開することが義務づけられた。

図6-1　First. gov のサイト

出典：http://www.first.gov

そして、一九九九年一二月にはクリントン大統領が「電子政府」、「社会改善のための情報技術の活用」についての大統領メモを発表した。この大統領メモに即して、大統領と副大統領のリーダーシップのもとで情報技術を活用した業務見直しが省庁別に設定され、長期的な目標と電子政府の構築条件や目的が明示された。

なかでも、First. gov というポータル・サイトは、「政府から市民」へという観点から早急に作成された。現在では対市民に加え、対ビジネス・NPO（非営利組織）、あるいは政府間という視点も含めてつくられている。

電子政府政策を引き継いだブッシュ政権

二〇〇一年一月に共和党ブッシュ政権になると、米国の電子政府政策は下火になってしまったかのように見えた。ブッシュ政権はあらゆる点でクリントン政権が行ってきた政策を否定し、独自色を打ち出そうとしていたからである。クリントン政権が力を入れてきた環境問題で京都議定書から離脱したのはその象徴であった。同じくクリントン政権が熱心だったICT政策においても、主要な推進者がホワイト・ハウスを去り、それに代わる専門家が任命されなかったため、ブッシュ政権は後ろ向きという評価が当初なされた。

しかし、実際には、ブッシュ政権はクリントン政権の実施してきた一連の電子政府政策を引き継いでいることがわかってきた。ゴア候補と激しく争った二〇〇〇年の大統領選挙では注目されなかったが、選挙運動期間中からブッシュ候補は「市民中心」型電子政府の構築と、専任高官の任命を公約していた。大統領就任後はクリントン政権期に進められていた政策を引き継ぎ、市民ニーズをみたす、効率のよい電子政府の実現をめざした。具体的な施策として、次の三点が挙げられる。

第一に、連邦政府のICT導入を統括する役職として「国家CIO」を設置した。それまでは、各省庁レベルでCIOが設置され、各CIOが参加する「省庁横断型CIO協議会」もあったが、投資効果の高い電子政府を構築するためにも連邦政府のICT導入・管理を一元化する国家CIOが必要であると考えられたため、新しい役職が作られた。

第二に、二〇〇一年八月九日に政府内に「電子政府タスクフォース」を設立した。インターネットを中心とした情報技術を利用して国民に対するサービスの提供の迅速化と民間企業の負担の軽減、連邦政府と地方政府の連携の強化などを目的とした組織である。

第三が、省庁横断型プロジェクトのための予算の確保である。電子政府の構築に向けて電子政府基金を設置した。二〇〇一年度は二〇〇〇万ドル、その後三年間にわたって一億ドルの基金を設置し、その予算管理・運営を行政予算管理局（OMB）に任せることにした。この行政予算管理局が現在の電子政府政策の担い手である。

連邦議会では、「電子政府法案」が二〇〇一年五月にジョセフ・リーバーマン上院議員とコンラッド・バーンズ上院議員の両名によって提出された。これはブッシュ政権の動向を具現化するような内容であり、政府の電子化を推進して政府業務の改善を目指すこと、そして、インターネットを中心とした情報技術を活用して、国民の政府情報へのアクセスを促進することを具体的に表したものであった。

二〇〇二年一二月に電子政府法は成立し、ICT投資の評価のプロセスを明確に定義し、連邦政府の電子政府政策ができあがった。

マーク・フォーマンのリーダーシップ

ブッシュ政権におけるこのような電子政府政策をめぐる動向は、二〇〇一年六月にICT電子政府専任高官として任命されたマーク・フォーマンのリーダーシップによるところが大きい。フォーマンは二〇〇三年に辞任するまで電子政府政策の中心的な人物として活躍した。

クリントン政権における電子政府の取り組みは、どちらかというと省ごとの個別プレイという感が強かった。一方、ブッシュ政権下では、フォーマンが牽引力となり、これまでばらばらに実施されてきた各省庁の取り組みが一つにまとめられ、省庁連携でより総括的な電子政府構築を目指すことになった。

そのなかでも顕著なプロジェクトが、二〇〇一年七月に設置された省庁横断型電子政府構築構想「クイックシルバー」である。クイックシルバーの実施・選定にあたっては、前述の電子政府タスクフォース発足後すぐに八〇件以上のインタビューが実施され、各省庁が実施する電子政府プロジェクトのうち、優先度・影響力の高いもの、複数の省庁が共通して利用できる省庁横断型のもの、

図6-2　行政予算管理局（OMB）での電子政府政策の構造

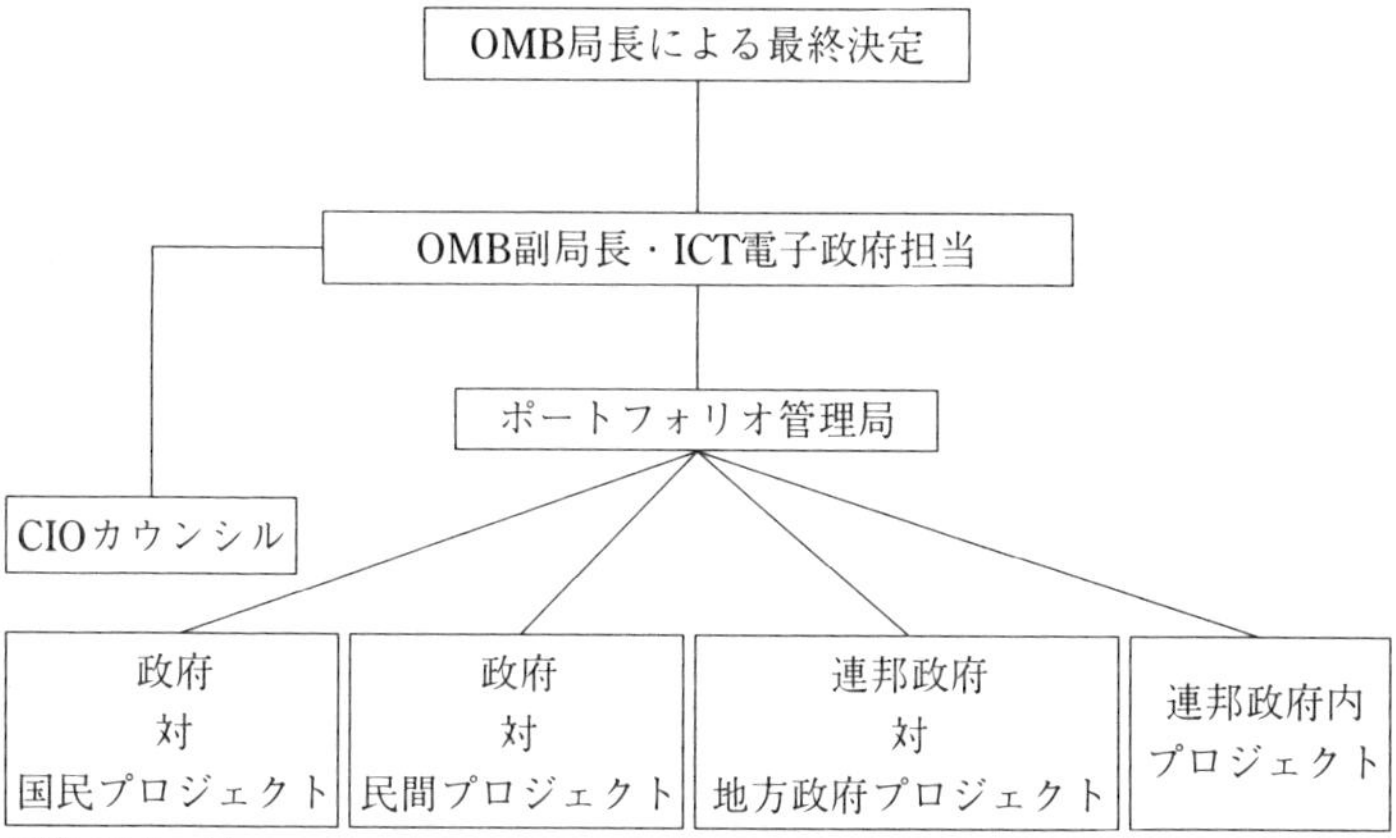

出典：http://www.gao.gov

低リスク・短期に実行可能で実行すると高い効果を得ることができるプロジェクトを選択・統合し、優先的に導入していった。

一〇月二五日には、二三の重点的プロジェクトが選定された。プロジェクトは、電子認証に関するプロジェクト、政府対国民についてのプロジェクト、政府対民間についてのプロジェクト、連邦政府対地方政府についてのプロジェクト、連邦政府内の効率向上についてのプロジェクトの六種類に分けられる（図6-2参照）。

クイックシルバー・プロジェクトの状況

クイックシルバーで選定されたプロジェクトはその後どのようになったのかみてみよう。

二〇〇二年に成立した電子政府法では、連邦議会はクイックシルバーのために四年間で総額三億四五〇〇万ドルの予算を割く予定になっていた。しかし、実際には、連邦議会は、二〇〇二年度の予算請求二〇〇〇〇万ドルに対して五〇〇〇万ドルしか認めなかった。

さらに二〇〇三年は四五〇〇万ドルの請求に対して五〇〇〇万ドル、二〇〇四年には四五〇〇〇万ドルの請求に対して三〇〇〇万ドルと、当初予定額とは桁違いの少額しか承認されていない。そのため、昨年実施された電子政府プロジェクトのうち、九八％の費用は各省庁の予算のもちよりであった。

こうした状況もあって、二〇〇五年度の予算申請では、現政権は、電子政府イニシアティブに対してあきらめともとれる五〇〇〇万ドルを議会に申請するに留まっている。その代わり、各省庁に対して、既存予算の中から電子政府向け予算を確保するよう要請しているという。

大統領の肝いりで開始されたにも関わらず、このような状況になった理由は何だったのだろうか。まず、連邦議会における予算申請プロセスが、省庁横断型のプロジェクトになじまなかった。米国連邦議会には、各省庁の予算をそれぞれ審議する小委員会が設置されている。それゆえ、省庁横断プロジェクトであっても、予算は省庁ごとにばらばらに検討されるため、イニシアティブの重要性に対する認識や優先度が異なれば、各省庁が獲得できる予算額にばらつきが出てしまう。その結果、請求額に満たないという状況がおきてしまい、このような事態が繰り返された。

次に、連邦議会は電子政府の価値や、省庁横断型プロジェクトのための電子政府基金の重要性が各省庁の中で認識されていないという。そのため、予算が配分されないことにもなる。

最後に、安全保障への取り組みやイラク戦争など、政府における優先度が大きく変化し、電子政府政策にまで予算がまわらなくなった。これは電子政府政策そのものとは直接関係がないが、結果的には大きな影響を与えることになった。

二〇〇四年の大統領選挙以降の連邦レベルでの見通し

二〇〇四年の大統領選挙（ブッシュ対ケリー）キャンペーンにおいて、国レベルの電子政府政策についていくつか争点があった。民主党候補のジョン・ケリー上院議員は「予算不足による計画の形骸化」や「省庁間の協力体制の不十分さ」をとりあげ、ブッシュ大統領の電子政府政策の批判を展開した。したがって、もし政権が交代すれば、ケリーはクリントン政権期の電子政府政策の推進者を登用して政策展開をし、クリントン政権の政策に沿ったものに戻るのではないかという指摘があった。しかし、同時に、政権が交代せずとも電子政府政策は促進されるとの予測もあり、電子政府政策そのものの行方は政権に左右されるというのが大方の予想であった。

結果としてはブッシュ政権の続投となったが、電子政府政策において一つの変化が現れた。

第二期ブッシュ政権で行政管理局が最初に行ったのは、電子政府法の二周年を機に、「電子政府の拡大」という報告書を二〇〇四年一二月に発表したことである。ここでこれまでの電子政府への取り組みの成果と今後の目標を発表した。まだ手薄な地方自治体との情報共有の必要性が目標に掲げられていることは特筆すべきである。つまり、連邦中心に進めてきたゆえに、行き詰まりを見せる電子政府プロジェクトを、地方自治体にまで広げるという政策転換を打ち出したのである。

電子自治体構築の特徴

行政管理局は、先の報告書の中で、電子自治体を構築する政策を推進することについては、連邦政府があまり積極的ではなかったことを認めたが、実際はどのような状況だったのだろうか。

米国の電子自治体構築は連邦政府による指導はあまりなく、州・郡・市などの各自治体の自主性に任せる気運が強い。連邦政府の役割は州際業務に限るのが原則であり、一般市民に関係する公的サービスは州以下の地方自治体によって提供される。したがって、米国で市民が電子政府の恩恵を被るには自治体レベルの取り組みが不可欠である。この点は、国主導で電子自治体が構築されてきたカナダと最も異なる。

実際、電子自治体の構築が進むニューヨーク州やウィスコンシン州などでは、州内の郡や市町村が電子自治体に取り組む際は州政府が積極的に指導や評価を行っている。また、各種団体やコンサルタント、NPOができ、全国的に活躍している事例も多数ある。そのなかで、①小規模の自治体がいくつか連合して構築している例、②小さな市の首長の先見、アイデア、リーダーシップで成功した例、③ASP（アプリケーション・サービス・プロバイダー）を利用して成功した例、④受賞などにより評価された先見的事例から学ぶ例、の四つに分類されるという。[(3)]

市長のリーダーシップによって電子自治体の構築が積極的に行われ、なおかつ市民とNPOを巻き込んだ形でのeデモクラシーの事例としてニューヨーク市を見てみよう。

先端的な取り組みを見せるニューヨーク市

ニューヨーク市の電子自治体がどの程度進んでいるかの指標として、ブラウン大学のダレル・ウエスト教授が二〇〇一年から行っている全米の都市における電子政府の進展度合いについての比較調査をみてみよう。(4) 二〇〇四年発行の報告書では、ニューヨーク市の電子自治体の進展度合いは全米都市のなかで第三位である。とくに、ウェブ上でのサービスはもっとも進んでいる。この報告書の中でベスト・プラクティスとしてニューヨーク市のポータル・サイトが紹介されており、「効率を重視したサイト構成であり、ほとんどの請求サービスに利用者がリンクで行き着けるようになっている。サイトの更新を知らせるメール通知もある。また、すべてのページにプライバシー規定の記述がある」(5) という。

そもそも、ニューヨーク市において電子自治体についての政策が開始されたのは、ルドルフ・ジュリアーニが市長だったころからである。情報技術に関わる主な部署は、IT&テレコミュニケーション部門、マネジメント&予算室、市長運営室、科学技術運営委員会である。IT&テレコミュニケーション部門は一九九三年に設立され、市長に提言を行っている。マネジメント&予算室は公共サービスを提供しており、情報技術に関わっている。

そして、市長運営室は約八〇名のスタッフから成り立ち、市の政府機関の監督、技術支援、コンサルティングをはじめとして、市政の合理化とリストラを実施している。(6) これらの三部門から人材と資金を集めたのが、一九九八年に設置された科学技術運営委員会である。ジュリアーニ市長を委員長とし、電子自治体についての長期的な視野に立ち、問題点と改善点を検討・調整する。電子自治体をマネジメントする組織としては、当時では先駆的であった。

一連の政策の推進にあたって市の現状を把握するための調査を実施した結果、共通課題として、①電子政府の拡大、②技術基盤の標準化の必要性、③ニューヨーク市の各行政機関内におけるデータ統合の必要性、④ＩＴ投資とスキル向上のための機会の拡充、⑤経営情報システムと組織的な課題を結びつける必要性が掲げられた。

これに基づき、一九九九年に「ニューヨーク市ＩＴ戦略」を策定し、電子政府の構築に向けた具体的な取り組みを開始し、戦略的目標として①電子政府の樹立、②包括的で相互運用できる技術インフラの実現、③全市にまたがる事業体としての効率的な情報技術管理、④洗練されたＩＴ投資の実施、⑤市の情報資産の安全性の確保、⑥適切なパートナーやステークホルダーとの情報交換が定められた。そして、各目標を段階分けすることで、短期目標も設定し、着実な成果をあげてきたという。

以上のような、ジュリアーニ市長のイニシアティブによってニューヨーク市では急速に電子自治体が構築されていった。その甲斐もあり、電子自治体についての米国にある調査研究機関である電子政府センターのウェブ・コンペティションで二〇〇一年に優勝したほか、自治体が対象の賞を二五ほど受賞するなど評価されている。具体的な成果としては、二〇〇一年の同時多発テロ後の復興活動でのＧＩＳ（地理情報システム）を用いた地理情報の活用を挙げることができる。

図6-3　ニューヨーク市のポータル・サイト：市民向けのトップページ

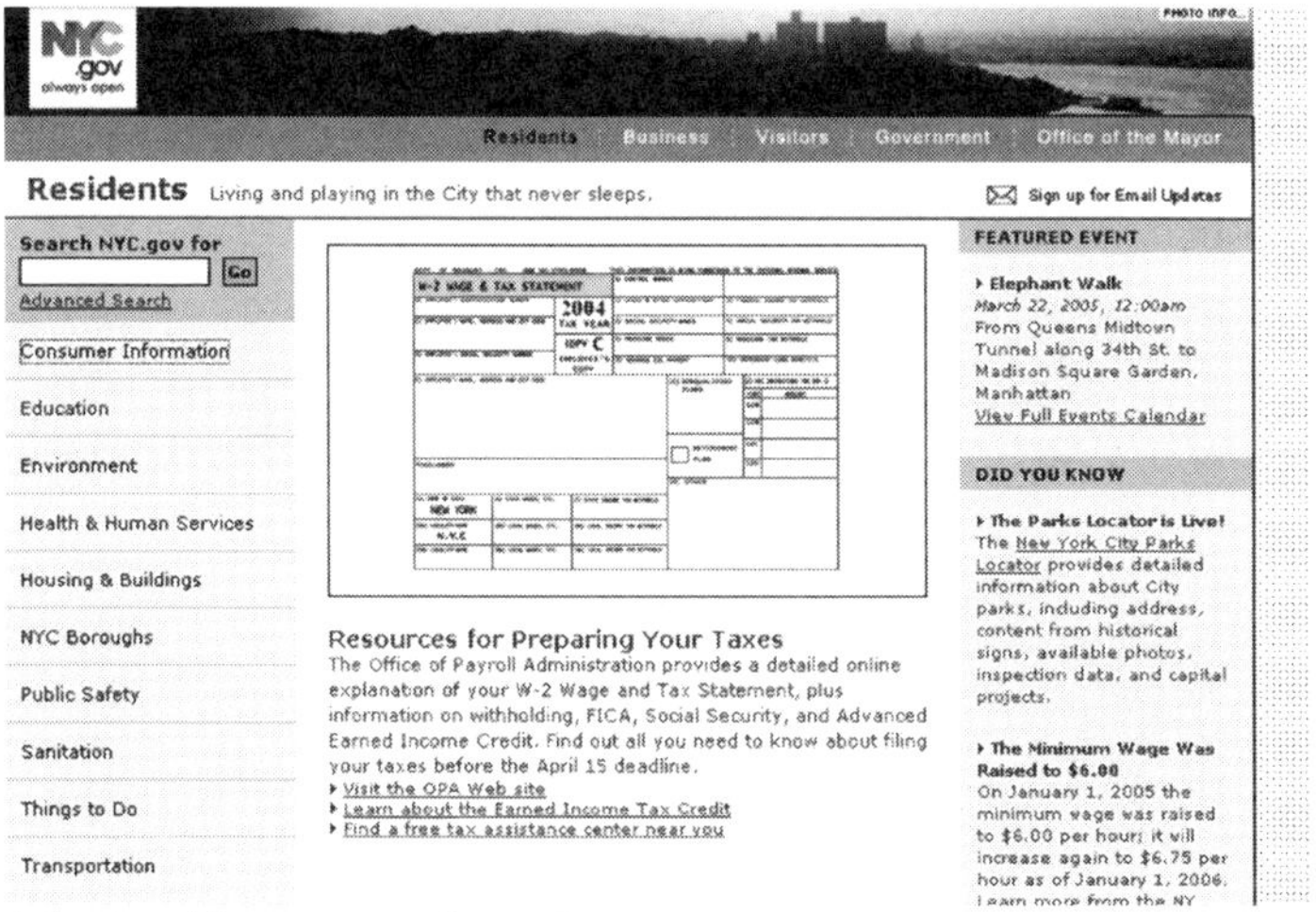

出典：http://home.nyc.gov/portal/index.jsp

二〇〇一年に市長に就任したマイケル・ブルームバーグは、前任のジュリアーニ市長の電子自治体政策を引き継いだ。とくに、同時多発テロ以降、市民側から、オンラインを介した情報収集の充実を求める声もあり、ポータル・サイトの拡充が図られた。

そのほかの動向として注目すべきは、予算節約のためもあって、オープンソース（ソースコードがオープンになっており、無料ないし格安で入手可能なソフトウェア）への関心が高まっていることが挙げられる。従来からウェブ・サーバーなどの基幹システムにはオープンソース系のソフトウェアが使われていたが、一般的な事務用のアプリケーションや個人用の端末にもオープンソースのソフトウェアが使えるようになってきた。電子自治体向けの先見的な動向といえるであろう。また、二〇

○四年六月には、姉妹都市である中国の上海に、ニューヨークの経験を生かし、技術的・政策的な協力を実施すると発表していることは注目に値する。

ニューヨーク市での実例

ニューヨークで自治体とＮＰＯの共同活動のためにオンラインが利用された例を紹介しよう。二〇〇四年一一月、「キャンペーン・フォー・フィシカル・エクイティ」という非営利組織が、五六億ドルをニューヨーク市議会に供与することが決まった。ニューヨーク市は、二〇〇五年から四年間の教育分野への追加予算として充当することを決定した。そこで、ニューヨーク市議会は従来型の公聴会も開催しつつ、同時に市内のパブリックスクールの学生、教師、保護者に対して、オンラインの公聴会を二〇〇五年に実施することにし、どのように今後予算を使っていくべきかを議論する場を設けた。このようなオンライン公聴会が開催されるのはニューヨークでは初めてであり、「ユア・ボイス・ユア・スクール」という名前で二〇〇五年二月一日から一五日に開催された。ＮＰＯであるグローバル・キッズ・インクの技術協力のもと、ニューヨーク市議会内に組織された委員会が主導して実行にいたった。

主な目的は、学校における教育環境の質的向上である。個別具体的な六分野が取り上げられている。①学級規模と学校規模、②教師の確保と採用と質、③放課後プログラム、④就学前教育、⑤設備と技術、⑥学校の責任である。それぞれのトピックについて参加者は、氏名、電子メール・アド

表6-1　ユア・ボイス・ユア・スクールの議論の一例

グループ2：「学級規模」

ラウリー　2005年2月3日午後8時56分

学級規模は重要です．低学年では教師1人に15人程度がちょうどいいかと思います．高学年になったら，教師1人に18人ぐらいに増やしてもいいのではないでしょうか．さらに，ティーチングアシスタントを常に数名は待機させておくこと，そして，新米教師には経験豊富な教師がアシスタントとして授業に参加することも提案します．

トマト　2005年2月4日午前10時18分

私は学級規模が重要な課題であることに賛成します．教師1人当たり15もしくは16人の学生が低学年の生徒には限界ではないでしょうか．私はブルックリンの学校に通う子供がいますが，担任の先生は非常によくやってくれていると思います．1クラス23人の生徒がいるのですが，ライティングの授業ではひとりひとりの生徒をみると同時に，他の生徒にも気を配っています．……以下議論は続く．

出典：http://www.YourVoiceYourSchools.org（2005年2月6日アクセス）

レス、所属、性別、人種、年齢を登録した後で、ウェブサイトの議論に参加することができた(7)。

このケースは、行政組織における公的な調査がNPOのサポートの下で実施された例として位置づけられる。ニューヨーク市民の生の声が実際の予算実施計画に反映されるということもあって、開催前からマスコミでも取り上げられた。

たとえば「学級規模」では、一クラス何人にするべきであるかといった議論が行われた。具体的に何人がいいのかを述べて、その理由を説明するという投稿であった（投稿者がどのような背景の人間であるかは、外部からのアクセスではわからないようになっている）。調査期間終了後はディスカッション・グループへの投稿は不可能だが、キャンペーン・フォー・エクイティ委員会のサイトにアーカイブがあり、閲覧することができる(8)。今後どのように「ユア・ボイス・ユア・スクール」での議論がニューヨーク市の実際の教育政策に反映され、予算執行されていくかは現段階ではまだわからないものの、オフラインの公聴会でのヒアリングとともに、活用される予定となっている。

連邦政府のレベルでは「市民中心」は政策的スローガンに掲げられているが、住民に密着するサービスを行っていないために、実現は難しい。米国では連邦と自治体が補完的な役割を担う必要がある。ニューヨーク市の「ユア・ボイス・ユア・スクール」は、自治体が市民に直接参加を求める政策的な試みとして画期的であろう。

進展する情報技術と新たなコミュニティ形成の米国政治への影響

米国の取り組みは世界から注目されている。しかし、本当にeデモクラシーは実現するのだろうか。ニューヨークのコロンビア大学のエリ・ノーム教授は、インターネットが作り出す民主主義に過剰な期待をするべきではないという立場をとっている(9)。広告業界だけでなく、政治の世界でも市民の関心を引くための策があの手この手と練られる。一部の人たちが先駆的に使っている間はインターネットも有効なツールであったかもしれない。しかし、みんなが使い始めれば、その戦略的な価値は落ちる。次から次へと目新しい技術を取り入れなければ人々の注目を集めることはできない。

これまで見てきたように、米国では行政改革の一環としてインターネットをはじめとするＩＣＴが位置づけられ、活用されてきた。しかし、それだけではなく、選挙という点でもアメリカン・デモクラシーと政治は密接に結びついている。一九九二年の大統領選挙（ブッシュ対クリントン）では、「情報スーパー・ハイウェー」が公約となり、一九九六年の大統領選挙（ドール対クリントン）では電子メールやメーリングリストが活用された。二〇〇〇年の大統領選挙（ブッシュ対ゴア）ではオンライン献金ができるようになった。そして二〇〇四年の大統領選挙では、草の根ジャーナリズムとしてのブログや動画が注目を集めた。これからの大統領選挙においてもインターネットの進化型、あるいはさらに発達した情報技術が使われるようになるだろう。

デジタル技術の発達は、「通貨としての情報」を格段に流通させるのに成功している。しかし、逆に情報過多や情報の質の低下という新たな問題が生まれてきている。ICTの開発と利用においてトップ・ランナーである米国のeデモクラシーの動向は今後も目が離せないだろう。

注

（1）白井均・城野敬子・石井恭子『電子政府（デジタル・ガバメント）――ITが政府を革新する』東洋経済新報社、二〇〇〇年、三八～四一頁。

（2）情報化推進国民会議事務局編『電子自治体入門――先進事例に学ぶ』NTT出版、二〇〇三年、二九頁。

（3）ASP（アプリケーション・サービス・プロバイダー）とは、ビジネス用のアプリケーションソフトをインターネットを通じて顧客にレンタルする事業者のこと。ユーザーはウェブ・ブラウザを使って、ASPの保有するサーバーにインストールされたアプリケーションソフトを利用する。

（4）http://www.InsidePolitics.org

（5）http://home.nyc.gov/portal

（6）島田達巳「ニューヨーク市における行政評価と情報技術戦略」『行政&ADP』一九九九年九月、二一～九頁。
（7）http://www.YourVoiceYourSchools.org 現在は閉鎖。
（8）http://www.nyccouncil.info/rightnow/cfe/index.cfm
（9）エリ・ノーム、ローレンス・レッシグ、リチャード・A・エプスタイン、トーマス・W・ヘイズレット／公文俊平監訳、土屋大洋・砂田薫・霜島朗子・小島安紀子訳『テレコム・メルトダウン——アメリカの情報通信政策は失敗だったのか』NTT出版、二〇〇五年、一七八～一八二頁。

第７章

カ　ナ　ダ

木暮健太郎

ＩＣＴが生み出す新しいカナダ

世界第二の国土面積。日本の二七倍である。しかし人口は三〇〇〇万人で、日本の四分の一にすぎない。冬の寒さは厳しく、モンゴルのウランバートルに次いで、オタワは世界で二番目に寒い首都である。

Ｇ７のメンバーにも名を連ねるカナダは、自然環境が厳しいため、広大な国土に比べると、人口は驚くほど少ない。ＩＣＴが、時間、場所、距離、そして気候にも左右されない安価なコミュニケーションを可能にするツールだとすれば、カナダはその恩恵を最大限に享受できる条件を備えている。

ＩＣＴについてみると、カナダは先進国のなかでも、トップクラスのインフラである。ブロードバンドの普及率がアメリカよりも高いというハード面はもちろん、電子政府の充実度や、コミュニティでの独特なＩＣＴ利用など、いわばソフト面でも高く評価されている。美しい自然に加え、ＩＣＴは、カナダの特色の一つとして認識されている。

カナダ統計局が発表した二〇〇三年のデータによれば、インターネットの世帯普及率は六四・二％であった。一八歳以下の子どもがいる家庭では、八三・七％にまで高まる。利用者の内訳を個別にみると、利用率が高いのは、男性、二四歳以下の若い世代、高学歴者、高所得者、英語使用者、都市居住者などである。

英語使用者の利用率が、フランス語使用者よりも高いのは、カナダの特徴をよく表している。インターネット上の主要言語が英語であるため、フランス語使用者の利用できるサービスや情報が限られていることが原因の一つである。(1)

ＯＥＣＤの報告によれば、カナダのブロードバンド普及率は、韓国に次いで世界第二位である。多くのカナダ人が、高速回線でインターネットに接続しており、ブロードバンドの普及では、アメリカをリードしていることがわかる。(2)

アメリカの情報スーパー・ハイウェー構想（全米情報基盤）や日本のe-Japan戦略のように、インターネット関連のインフラ整備は、国家的なプロジェクトとして取り組まれる傾向にある。ＩＣＴが急速に普及するうえで、政府が果たす役割は大きい。カナダでも、国家主導でインフラ整備が行われてきた。

一九九七年、当時のクレティエン首相は、所信表明演説で、「二〇〇〇年までを目標として、カナダを世界でもっともインターネットに接続された国にする」と述べた。翌年九八年には、産業省が中心となって、六つのプロジェクトからなる「コネクティング・カナディアンズ」という情報化政策が発表された。

第一は、「カナダ・オンライン」である。とくに、スクールネット、ライブラリーネットは、コネクティング・カナディアンズの中核となっている。スクールネットは、一万六五〇〇の公立小学校と中学校すべて、ライブラリーネットは、三四〇〇の公立図書館すべてをインターネットに接続させるというプロジェクトであった。いずれも一九九九年八月に達成され、当時としては、世界で初めてすべての公立学校と図書館がインターネットに接続したのである。

第二は、コミュニティに関わるプロジェクトの「スマート・コミュニティズ」である。一〇州と北方地域および先住民が生活する地域から、一つの自治体を選び出し、実験的なプロジェクトを実施した。たとえば、オンタリオ州北部の先住民たちに対する、インターネットを通じた教育（eラーニング）、医療（eヘルス）の支援である。

第三は、「カナディアン・コンテント・オンライン」であり、主にICTに関わる人材育成を目指したプロジェクトである。「カナダ・デジタル・コレクションズ」では、一五歳から三〇歳までの若者が、カナダ人によるアートや技術など三〇〇以上のコンテンツを作成し、ウェブ上で公開した。

第四は、「エレクトロニック・コマース」であり、カナダにおける電子商取引を推進するためのプロジェクトである。電子商取引を活性化させるためには、商取引における企業や個人情報の保護が重要になる。そこで、消費者保護のためのガイドラインの提示や、公開鍵基盤（PKI）の基礎づくりを行った。

第五は、「ガバメント・オンライン」であり、行政サービスのオンライン化を目指すものである。カナダの電子政府はコンサルティング会社のアクセンチュアや国連など、第三者機関からの評価も高く、電子政府ランキングでも常に上位に位置している。

最後に、第六のプロジェクトは、「コネクティング・カナダ・トゥ・ザ・ワールド」である。世界の国々と協力して、グローバル・ネットワークを構築し、海外からの投資や提携を促進して、さらなる経済的繁栄を目的とするものであった。それぞれのプロジェクトで掲げられた目標は達成され、コネクティング・カナディアンズの役割は終わったが、今日でもＩＣＴ政策の重要な出発点として位置づけられている。

カナダのＩＣＴについては、カナリー（ＣＡＮＡＲＩＥ）にも触れる必要がある。[3] ＣＡＮＡＲＩＥは、カナダの情報ハイウェーの研究・開発を促進する機関であり、産業省と民間企業によって設立された非営利団体である。一九九三年に誕生して以来、光ファイバーを利用した高速回線の研究・開発を推進している。

ＣＡＮＡＲＩＥが提供する光ファイバーの回線速度は、数一〇ギガビットであり、民間プロバイダーよりもはるかに速い。この高速回線を利用して、二〇〇四年一月には、ノヴァスコシア州に住む一二歳の子どもたちが、インターネットを通じて送られるライブ映像で、世界的に著名なピアニストのレッスンを受けるという実験も行われている。

このようにカナダのＩＣＴをめぐる政策は、インフラというハードの側面だけではなく、ソフトの面を重視していることがわかる。カナダは、二つの側面を兼ね備えた、総合的な「ＩＣＴ立国」を目指そうとしている。

トップクラスの電子政府

一九九九年一〇月に行われた所信表明演説において、クレティエン首相は、「二〇〇四年までに、国民ともっとも接続された政府となることを目指し、国民が時間と場所を選ばず、すべての行政情報および行政サービスに、オンラインでアクセスできるようにする」と発表した。

その後、二〇〇〇年四月には、ガバメント・オンライン（GOL）構想と呼ばれる電子政府に関する計画目標がまとめられた。電子政府の運営を担当するのは、国家予算委員会事務局内に設置されたCIO（最高情報局）である。CIOの主な業務は、電子政府の構築と運営、プライバシー保護政策の策定などである。政府は、二〇〇〇年から二〇〇五年までの予算総額として、八億八〇〇〇万ドル（約七六〇億円）を計上している。

電子政府について、これまで三段階の目標が掲げられてきた。第一段階は、二〇〇〇年末までに、全省庁をオンライン化するという目標である。第二段階は、二〇〇五年末までに、政府が提供するすべての行政サービスをオンラインで処理できるようにするという目標である。そして第三段階は、具体的な期限は提示されていないが、各省庁ベースで行われている行政サービスを、省庁を横断するかたちで提供するという目標である。

GOL構想に基づき、政府のウェブサイトは二〇〇一年一月から大幅に変更され、「カナダ・サイト」として新たに運用を開始した。カナダ・サイトの大きな特徴は、トップページに三つの入り口（ゲートウェイ）を設定し、サイトを訪れた人が目的とする情報にいち早くたどり着けるように工夫した点である。

図7-1　カナダ・サイト

出典：http://canada.gc.ca/main_e.html

三つの入り口のうち、一つ目は、カナダ国内で生活する人々に向けた情報提供や行政サービスを中心とする内容に分類された「カナダ人と在住者のための入り口」である。二つ目は、観光や移住など、海外からカナダに入国しようとする人々を対象とする「カナダ人以外のための入り口」である。そして三つ目が、ビジネスや雇用に関する情報を中心にした「ビジネスのための入り口」である。

カナダ・サイトでは、市民が利用しやすいように、トップページでさまざまな工夫が施されている。たとえば、「eメール・アップデーツ」では、自らに関係のある項目をチェックしておけば、情報が更新された場合、自動的にメールが配信される仕組みになっている。また、カナダ・サイトを個人用に編集し、自分に関心のある内容を中心としたウェブページに変更することもできる。

市民の使いやすさを向上させるため、定期的に九〇〇〇人ほどの市民を無作為に選び、サイトの利便性についてのアンケート調査も行っている。政府が運営するウェブサイトとしては、きわめて珍しい取り組みである。

カナダ電子政府の中でも、もっとも成功を収めたと考えられるのが、関税歳入庁が運営するオンラインの納税申告である。ネットファイル（NETFILE）というシステムが稼働中で、二〇〇二年にNETFILEを利用して納税申告をしたのは二五〇万人。利用者は年々増加する傾向にある。所得税の支払いは、インターネット・バンキングのサービスを提供している銀行に加入していれば、オンラインで行うことも可能である。この場合、自宅に居ながらにして、納税の手続きが完

図7-2　手段別に見た行政サービスに対する満足度（%）

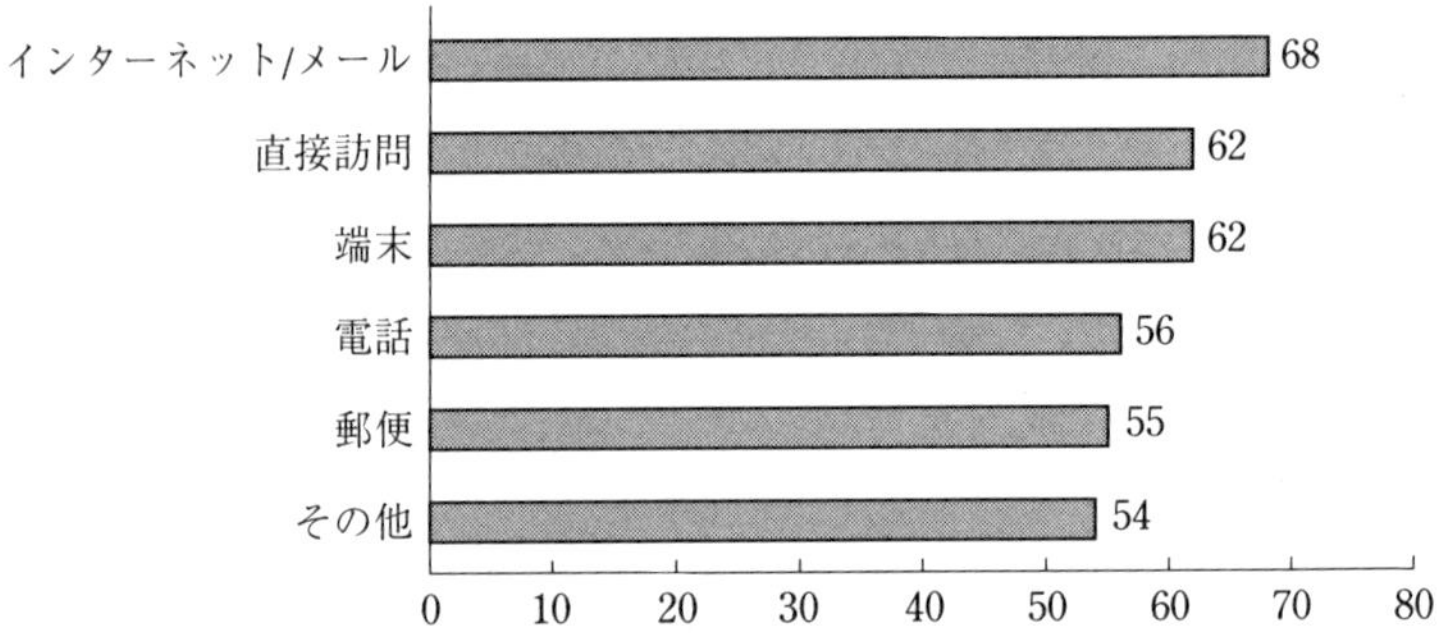

出典：The Institute for Citizen Centred Service and The Institute of Public Administration of Canada, *Citizensfirst3*, 2003, p. 16.

了する。

電子入札システムの導入も、特徴の一つである。ＭＥＲＸと呼ばれるシステムにより、政府の発注を請け負いたい業者は、二四時間三六五日、いつでも入札に参加することができる。公共事業・政府業務省は、一定の額を超える物品や印刷の注文、建設やリースなどの発注には、ＭＥＲＸを利用するよう呼びかけている。ＭＥＲＸを通じた年間の公示総額は、五〇億ドル（約四三〇〇億円）を超える規模である。

一般の市民にとっても、電子政府がもたらすメリットは大きい。カナダ行政協会によれば、これまで行政手続きで利用した手段のなかでも、もっとも市民の評価が高かったのが、インターネットや電子メールであった。この結果からも、インターネットを通じた行政サービスが今後も拡大されることは、容易に予想できる。

カナダは、電子政府に対する評価（ベンチマーク）においても、一貫して高い評価を得ている。アクセンチュア社によれば、カナダは四年連続で第一位を維持している。また、国連による二〇〇四年のベンチマークでも、一九一か国中、七位に位置している[4]。

こうした点を見ても明らかなように、カナダでは、単にICTに関するインフラが整い、利用率が高いというだけではなく、行政サービスという面でも高い評価を得ていることがわかる。

電子自治体とコミュニティ

電子政府の利点は、利便性だけではない。オンライン上に設けられたフォーラムにおいて、市民による意見交換の場を提供し、政策へと反映させることもできる。このような試みは、日本を含めた他の国々と同様に、カナダでも、国レベルよりはむしろ、州や地方レベルで活発である。

カナダでもっとも多い人口を抱え、政治・経済の中心地といえるのがオンタリオ州である。同州では、ICTの普及に伴い、ICTを通じた市民への情報提供と市民参加について検討を始めていた。その試みの一つとして、州のウェブサイトに「タウンホール・オンタリオ」というコンテンツを作成し、多様な政策課題について、直接、市民から意見募集を行っている。

日本でもパブリック・コメントの募集が省庁や自治体などのウェブサイトで行われるようになっているが、きわめて専門的な政策について、ごく限られた資料でコメントを求める事例が多く、また、どのように政策に反映されたのかも不明なままである。それに対して、タウンホール・オンタリオでは、コメントを募る政策に関して、まず、なぜその政策が必要なのかを具体的に説明し、ど

図7-3　タウンホール・オンタリオ

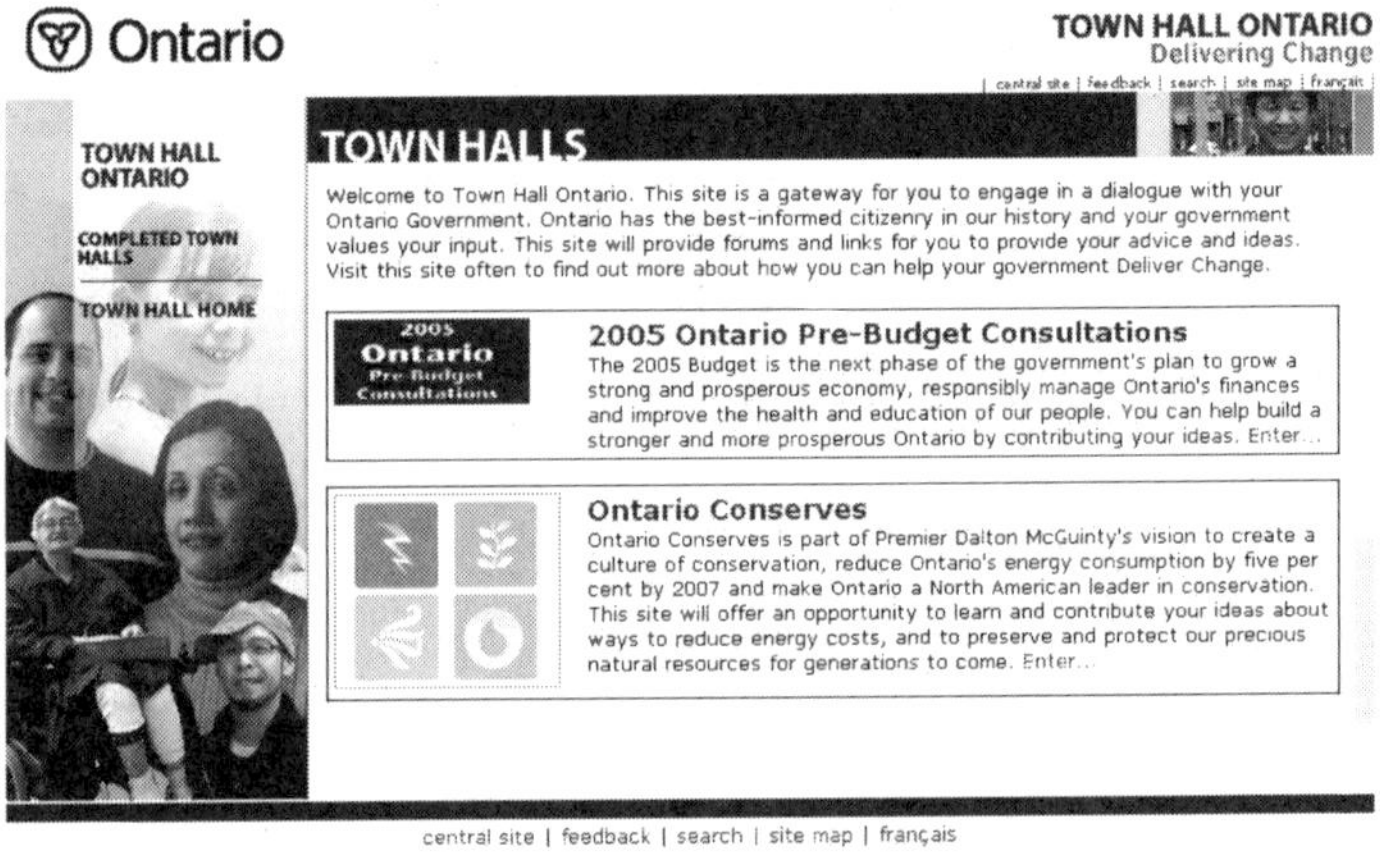

出典：http://www.townhallontario.gov.on.ca/english/index.asp

のような点について市民からのコメントを求めるのかを明示している。たとえば、州の予算では、財政状況を詳しく説明したうえでコメントを募集し、優先すべき予算配分について、市民の意見を反映させている。

なお、オンライン上だけではなく、州の首相が実際に市民と接して意見交換するタウンホール型のミーティングも実施されている。オフラインとオンラインという二つの手段を同時に用いながら、市民の幅広い意見集約を試みているのである。

一方、カナダ東部に位置するニューブランズウィック州では、二〇〇三年一二月、市民を中心とした民主主義の実現をはかるために、同州の首相が九人の専門家を集め、「代議制民主主義に関する委員会」を発足させた。同委員会は、選挙制度改革や投票率の向上などについて報告書を提出することになっており、市民の意見も反映させるため、ウェブサイトを設置した。

「率直に話そう！」（Speak Up!）と名付けられたウェブサイトでは、選挙制度改革、投票率の向上、新たなレファレンダム法、政策決定への市民参加といった合計八つの争点に関して、意見が募集された。それぞれの争点に関して、たとえば、選挙制度であれば、新たな比例代表制の導入について、賛成か反対かをウェブサイトで投票するという試みも行われた。

ウェブサイトで集められた市民の意見を元に、二〇〇四年一二月には、九〇項目にわたる提言を含む報告書が首相に手渡された。提言には、ｅデモクラシーに関わる内容も含まれている。ＩＣＴが従来のトップダウン型の決定方法をボトムアップ型に変える可能性をもつため、政策決定過程におけるＩＣＴを通じた市民参加が必要だとしている。そこで、「ｅタウンホール」というコンテンツを作成して、特定の政策について情報提供し、賛成か反対かについてアンケートを実施する方法を提言している。

州政府だけではなく、一般市民がオンライン・フォーラムをつくり、身近なコミュニティの政治的な問題を議論する試みもみられる。

オンタリオ州のキングストン市には、「キングストンの有権者たち」（Kingston Electors）というオンライン・フォーラムがある。運営母体は、キングストン市で生活し、公共政策に関心をもつ一般の有権者たちの集団である。彼らは、コミュニティが抱える問題について、住民が語り合う場が必要だと考え、フォーラムを立ち上げた。

このフォーラムは、エネルギー、環境、健康・社会保険、地域経済、予算、交通機関などのトピックについて、キングストン市民が発言する場を提供している。

ＩＣＴが解決する先住民の悩み

遠隔地で暮らす先住民コミュニティにとって、ＩＣＴが一条の光となりつつある。

現在のカナダをつくりあげたのは、ヨーロッパからの移民である。移民たちが新たな国家を建設する一方、先住民は、さまざまな困難を乗り越えつつ、自らのコミュニティを今日まで維持してきた。オンタリオ州北部にも、ニシュナウヴェ・アスキ・ネーション（Nishnawbe-aski Nation）という先住民の居住区が残っている。

オンタリオ州の三分の二を占め、フランスとほぼ同じ面積という広大な土地に、四九の先住民グループが生活している。それぞれの先住民コミュニティは、だいたい三〇〇人から九〇〇人で構成されている。先住民の総人口は二万五〇〇〇人で、オンタリオ州の人口のうち、わずか〇・二％である。

カナダは、どの州であれ、アメリカとの国境沿いに人口が集中する。国境から離れた北部のほとんどは、自然環境が厳しく、人を寄せ付けない場所だからである。遠隔地で、人口も少ないために、基本的なインフラが未整備のままである。鉄道はもちろん、道路も整備されておらず、数百キロ離れた都市部への移動は、小型飛行機が必要になる。すべて雪に覆われる冬場の一〇週間だけは、四輪駆動車での移動が可能である。

一九八〇年代から一九九〇年代にかけて、ようやく水道などのインフラが整備された。それ以前は、水道設備や電気、電話もない家庭が一般的であった。今もなお、病院はなく、医者や看護師が、月に一度コミュニティを訪問する程度である。教育施設は、中学校まではあるが、高校はない。専門学校や大学などは、いうまでもない。

通信手段も驚くほど限られており、一九九〇年代後半まで、一つのコミュニティに公衆電話が一台あるだけであった。そのため、誰かが使用中であれば、数時間待たされることもあったという。

ICTがもっとも効果を発揮する場所に、電話すらなかったのである。一九九〇年代後半になって、ようやく各家庭にプッシュ式の電話が設置された。同時に、インターネットにも接続可能になったが、回線速度は遅く（五六Kbps）、メールの送受信が精一杯という状況であった。

そこで、北端にある六つの先住民コミュニティが主体となって、通信インフラを整備するための活動が盛んになる。

活動の中心になったのは、クケナ・ネットワーク（通称K―ネット）という組織である。K―ネットは、六つのコミュニティで生活する先住民によって運営されている非営利団体であり、一九九四年に誕生して以来、ICTをコミュニティに役立てる活動を続けてきた。なお、クケナ（Kuh-ke-nah）とは、オジクリー族の言語で、「すべての人」という意味である。

一九九〇年代後半になると、K―ネットは、地域のさらなる発展にとって、ブロードバンド化が

図7-4　オンタリオ州の北端に位置する6つの先住民コミュニティ

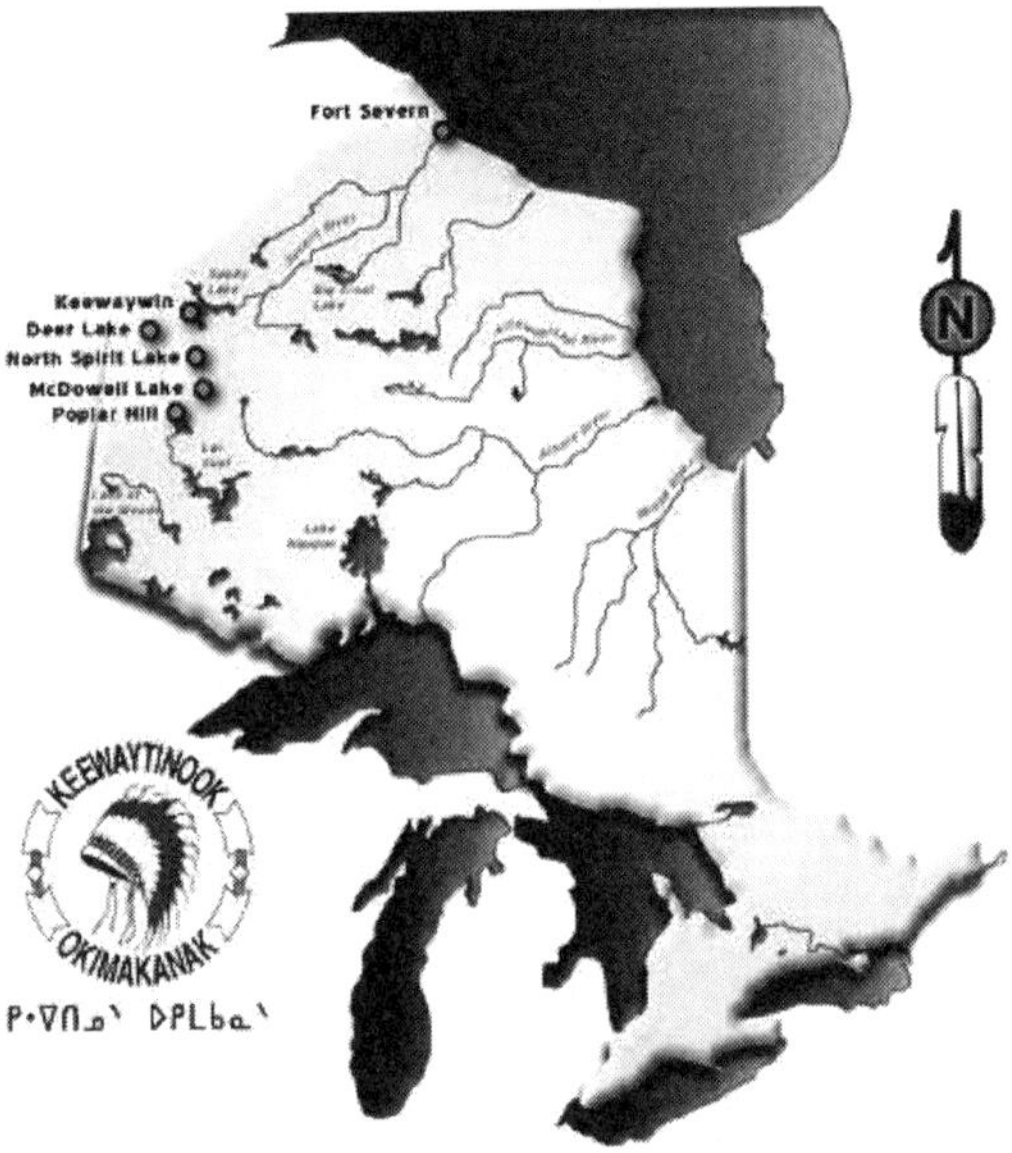

出典：http://www.knet.ca/komap.html

必要不可欠だと認識し始めていた。しかし、ブロードバンド化への道のりは険しかった。民間プロバイダーにとって、先住民コミュニティの人口が少ないため、ブロードバンドサービスの提供は魅力的なビジネスではなかった。また、仮にサービスが提供されたとしても、毎月の利用料が先住民の大きな負担になるため、実現可能性は低かった。

　そこで二〇〇〇年一月に、K—ネットが産業省の「スマート・コミュニティズ」プログラムに申請したところ、支援対象として正式に認められたのである。結果として、二〇〇一年から二〇〇四年までの期間を通じて、総額五〇〇〇万ドル（約四億三〇〇〇万円）の資金援助を受けることになった。

　スマート・コミュニティズの援助によって、六つのコミュニティは一・五Mbpsの回線速度で結ばれた。先住民コミュニティのブロードバンド化がスタートした瞬間だった。ブロードバンドが実現して、Kーネットがまず取り組んだのは、長い間、重要な問題とされてきた教育と医療である。

先住民コミュニティには高校がないため、グレード8（日本の中学二年にあたる）以降の教育を受けるには、親元を離れ、数百キロ離れた都市部の学校に通う必要がある。しかし、一三歳や一四歳での一人暮らしを強いられるため、多くの子どもは、進学をあきらめてしまう。仮に進学しても、初めて体験する欧米文化によるカルチャーショックや、極度のホームシックのために中退してしまう傾向があった。

そこで、Kーネットが主体となって、コミュニティにパソコンを完備した教室をつくり、インターネットによる遠隔授業を実施するプロジェクトを二〇〇〇年から開始した。いわゆるeラーニングである。「KiHS」と名付けられたプロジェクトによって、子どもたちは、家族や友人、そして狩猟や祭典などの先住民独自の文化から離れることなく、生まれ育ったコミュニティで、高等教育を受ける機会が生まれたのである。

授業を担当する教師は、カナダ全土の候補者から選ばれる。教師は、日曜日の夜までに録画した授業をアップロードし、生徒たちはインターネットに接続したコンピュータで授業を受けている。通常、月曜から金曜日まで、一日六時間の授業を受ける。

KiHSは、現在、一三の先住民コミュニティを対象に運営されている。まだ実験的な試みであるため、グレード9と10までの課程しか履修できないが、五年間のパイロット・プロジェクトを経

図7-5　インターネット・ハイスクール（KiHS）

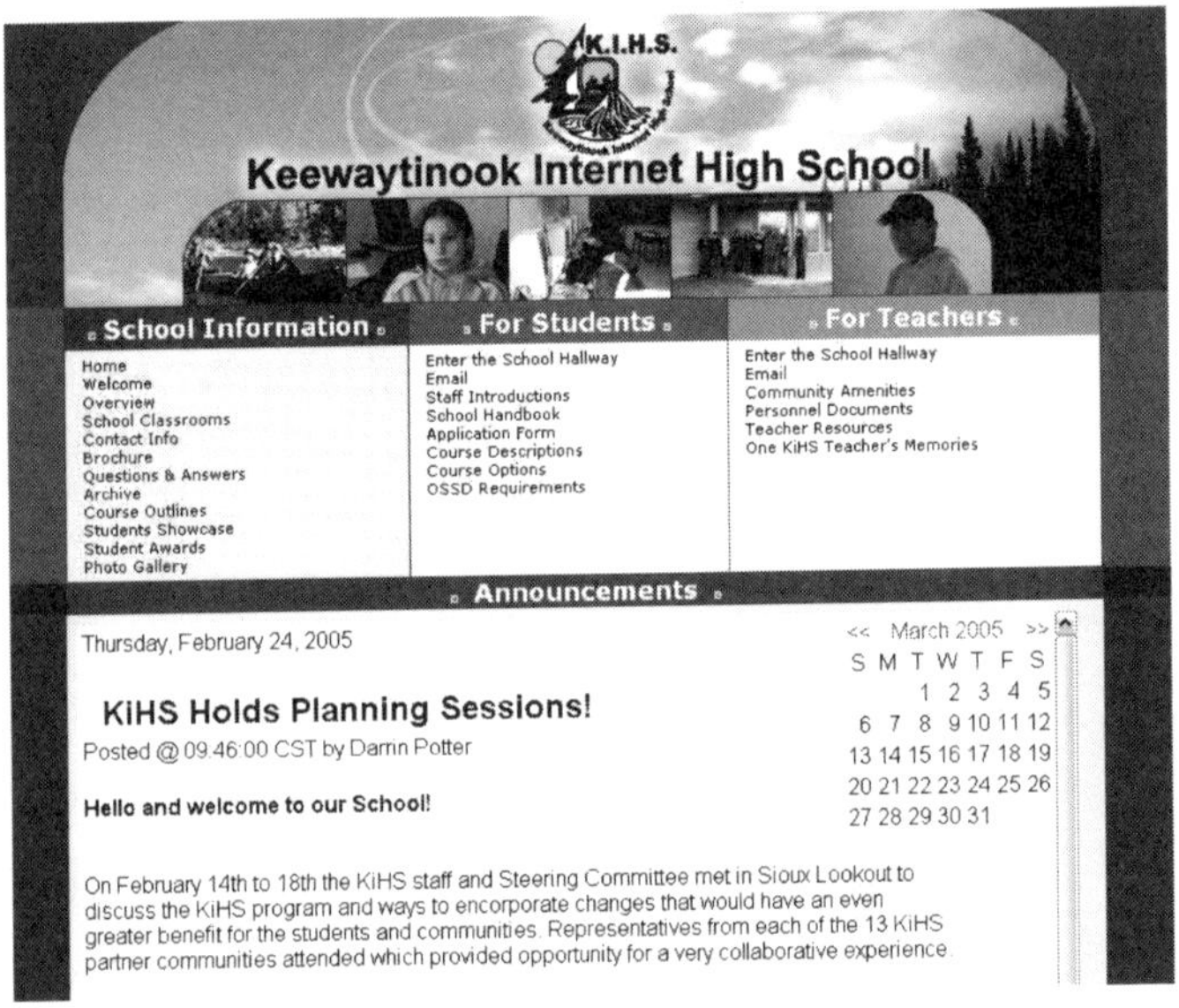

出典：http://kihs.knet.ca/

た後に、日本の高校二年・三年にあたるグレード11・12まで拡張される予定もある。

教育だけではなく、コミュニティにとって、さらに深刻な問題が医療である。

コミュニティには病院がなく、医者や看護師は定期的に訪れるが、常駐はしていない。病院は、数百キロ離れた場所にあるため、急病の患者が発生した場合、救急ヘリコプターを利用せざるをえない。英語を話せない住民もいるため、通訳などの付き添いが必要な場合もある。そのため、輸送費や医療費を含め、六〇〇〇ドル（約五二万円）かかることさえある。

K―ネットは、定期的な検診だけで

はなく、緊急時の診断などのために、ICTを利用したeヘルスこそが、コミュニティにとって喫緊の課題だと考えた。幸い、eヘルスについても、スマート・コミュニティズの資金援助を受け、二〇〇二年四月からスタートした。

コミュニティに新たにつくられた診察室には、もちろん、医者も看護師もいない。eヘルス用の聴診器やカメラ、そしてインターネットに接続したコンピュータが設置されており、必要なデータが回線を通じて、離れた病院にいる医者へと送られる。数百キロ離れた場所で、医者が患者の鼓動を聞きながら、問診を行うことが可能となったのである。

ただし、eヘルスには、コンピュータや医療機器を扱い、画面を通じて伝えられる医者の指示を的確に実行するスタッフが必要になる。スタッフは、トレーニングを受けた一般の住民である。コーディネーターと呼ばれるスタッフは、二〇〇二年三月から本格的に医療の勉強会を始め、救急医療、糖尿病、小児科、青少年への精神医療などについて学習している。結果的に、コミュニティ全体が医療への関心を高める契機にもなっているという。

また、身体的な医療だけではなく、メンタルヘルスケアにもICTを利用する実験が始まっている。すなわち、eセラピーの実施である。

先住民コミュニティでは、伝統的な文化や生活スタイルが維持される一方で、都市部のような大きな経済発展の可能性は見込めない。そのために、インフラの整備も極端に遅れてきたのである。若者が将来を悲観すると、深刻な問題につながりかねない。

先住民人口の三三％を占める若年層では、ドラッグやアルコール依存者が多い。自殺率は、全国平均と比べると、先住民では女性が八倍、男性が五倍も高いという数値が示されており、その多くは若者である。自殺者は年々増加する傾向にあり、二〇〇〇年には一年間で二五人に上った。先住民の新たな風土病と表現されることさえある。

若年層を対象としたメンタルヘルスが急務だが、当然ながら、専門医はコミュニティにはいない。専門医のカウンセリングを受けるには、旅費等を含めて、三〇〇〇ドル（約二六万円）近くかかる。深刻な状況にもかかわらず、対面式のカウンセリングは現実的には困難であった。そこで、カナダ保健省の支援を受けて、二〇〇〇年四月から二〇〇一年三月までの一年間、パイロット・プロジェクトとして、eセラピーが実施された。

eセラピーとは、遠隔医療の一つであり、ICTやテレビ画面などを利用した双方向の心理療法である。オンタリオ州に隣接するマニトバ州ウィニペグの病院から、インターネットを通じたeセラピーが行われた。パイロット・プロジェクトであるため、すべてのコミュニティが対象だというのではなく、ポプラー・ヒル、ノース・スピリット・レイクの二か所で行われた。

このプロジェクトの報告書もすでに提出されており、eセラピーによって、コストが八割も低下したこと、患者の八割がeセラピーに満足したと答えていることが明らかになっている。eセラピーが対面式のカウンセリングにとって代わることはないが、コミュニティが抱える問題の深刻さや膨大なコストといった点を考えれば、十分な効果を上げているといえるだろう。しかし、大きな問題が一つ残されている。eセラピーを必要とする人は、全体としてみれば少ないため、公的機関からの資金援助がなければ、医療活動を継続することが困難だという点である。

先住民コミュニティの経験から

K－ネットに関わった先住民は、自らの経験に基づき、これからネットワーク化を推進しようとする他のコミュニティに助言している。

ネットワークに関する技術や運用方法などの専門的な知識については、コミュニティのメンバー自身が学ぶ必要があるというのである。そうでなければ、サービスを提供する民間会社やコンサルタント会社に振り回されてしまい、コミュニティが求めているサービスを提供できなくなる可能性が高いからである。

先住民の経験から、コミュニティにおけるICT利用は、利用する人々のニーズに合った内容かどうか、コミュニティのメンバーが管理・運営に携われるかどうかが重要なのである。実際に、KiHSやeヘルスでは、先住民自身が運営に深く関わっている。

先住民に限らず、この点は、「コミュニティの自立」に関わる問題だといえるだろう。コミュニティで生じるさまざまな問題を、コミュニティ自ら解決しようとすること。ICTは、そのための重要なツールの一つにすぎない。

いわゆる「ハコモノ行政」と同様、ICTについても、トップダウン式で、行政がインフラなどの土壌を整備すれば、それで終わりではない。ボトムアップ式でニーズをくみ上げ、コミュニティ自らがＩＣＴの活用に携わり、行政がサポートするというかたちが、コミュニティにおけるＩＣＴ利用として、最適だといえるだろう。

ＩＣＴ立国としてのカナダは、電子政府、電子自治体、そしてコミュニティにおける数多くの取り組みを経て、ようやく萌芽期を抜けつつある。カナダの経験は、日本も含めた他の国々への示唆を十分に含んでいる。

注

（1）Statistics Canada, *Canada's Journey to an Information Society*, 2003, p. 84.

（2）OECD, *Broadband Internet Access in OECD Countries : A Comparative Analysis*, 2003, p. 2. ブロードバンド加入者を総数でみると、当然、アメリカはカナダよりもはるかに多い。しかし、住民一〇〇人に対する加入者数の割合でみると、アメリカが六・九であるのに対し、カナダは一一・七である。

（3）正式名称は、Canadian Network for the Advancement of Research, Industry and Education. 頭文字から、ＣＡＮＡＲＩＥと呼ばれる。

（4）電子政府のベンチマークについて、詳しくは次を参照。木暮健太郎「市民と電子政府」岩崎正洋編『ｅデモクラシー』日本経済評論社、二〇〇五年、二五～五一頁。

第8章

韓　国

庄司昌彦

経済危機と情報化

韓国は、「ネチズン（ネット＋シチズン）」と呼ばれる、情報機器を使いこなす人々が、現実の政治や行政、世論形成などに大きな影響力を発揮しているeデモクラシーの先進国である。

韓国社会における情報化は、一九八〇年代後半から始まったと考えられる。政府は一九八六年に初めて「電算網普及拡張と利用促進に関する法律」を制定し、政府業務の電算化を開始した。また一九九四年に情報通信部（中央省庁）を設立し、一九九五年八月には「情報化促進基本法」を定め、一九九六年六月には「情報化促進基本計画」を作成した。このように韓国は、早い時期から国家的な情報政策への取り組みを進めている。

だが、情報化が強く認識されるようになったのは一九九七年の経済危機後、二〇〇〇年前後からである。韓国は一九九六年に、アジアで二番目のOECD（経済協力開発機構）加盟を果たすなど、一九六〇年代以降の高度経済成長を通じて急速に経済発展を遂げたが、一九九七年のアジア通貨危機によって大企業の倒産などが相次ぎ、経済危機に陥った。そのため、IMFから六〇〇億ドルの大規模な経済支援を受けて管理下に入り、IMFが提示した自由化や外国資本の導入などの経済改革を進めた。

このとき、政府も産業界も「情報化」に経済復興にかける望みのすべてを託したといっても過言ではない。金大中政権は一九九九年に国家的なICT戦略「Cyber Korea 21」を策定し、高速インターネットの普及率や電子政府化において韓国を世界最高水準のICT国家に押し上げた。民間でもＰＣ房と呼ばれるインターネットカフェが急増し、オンラインゲームが流行した。また情報技術関連のベンチャー企業がたくさん生まれ、さまざまなサービスの競争が生まれた。経済も再び活性化し、二〇〇〇年にはＩＭＦの監督下から「卒業」することができた。またビジネスだけではなく、二〇〇二年に行われた大統領選挙では、インターネットや携帯電話などの情報技術を駆使するネチズンに支えられて盧武鉉大統領が当選するなど、社会・文化的な面でも情報技術やそれを活用するネチズンは、韓国社会を一変させているといえよう。

情報化基本計画と電子政府

一九九八年一月、経済危機のさなか大統領に就任した金大中は、危機を脱するための方策として情報化の重要性を強調し「知識基盤国家の建設」を提唱した。そして同年三月、情報通信部は情報化の基本計画として「Cyber Korea 21（韓国の知識基盤情報社会に向けてのビジョン）」を発表した。この計画は、「創造的知識国家の建設」、「世界一〇位以内の情報化先進国への躍進」、「知的基盤産業の対ＧＤＰシェアをＯＥＣＤ諸国のレベルに上昇させる」の三つを目標とし、きわめて具体的な数値目標を示した。たとえば二〇〇二年までに情報通信分野の三〇万人を含む一〇〇万人の雇用を創出する、インターネットユーザーを二〇〇二年までに一〇〇〇万人にする、電子商取引の市場規模を二〇〇二年までに一九九八年の五五〇億ウォンから三・八兆ウォン（約三八〇〇億円）に拡大する、などである。

そして、目標の実現のために「知識基盤社会のための情報基盤構築」、「情報基盤を活用した国家全般（政府・企業・個人）の生産性向上」、「情報基盤上の新規事業の創出」の三つを主要テーマとし、具体的な施策として官民協力による超高速通信網の整備、ベンチャー企業への税制優遇や資金援助、農民・主婦・軍人などを対象とした情報教育、全学校のインターネット接続、そして効率的な電子政府の構築などを定めた。

Cyber Korea 21の目標は、二〇〇二年以前にほぼ達成した。とくにブロードバンドの普及は急速に進み、二〇〇三年のＩＴＵ（国際電気通信連合）の発表によると二〇〇二年時点で普及率は世界一位であった。

Cyber Korea 21の後継として策定された基本計画が、二〇〇二年四月の「e-Korea Vision 2006」である。この基本計画は、国民の情報活用能力の向上、情報化による全産業の生産性の向上、透明性・生産性の高い優れた政府の実現、世界最高の情報インフラ構築とＩＣＴ産業国としての飛躍、国際協力強化によるグローバル情報社会の主導を謳っていた。二〇〇三年に発足した盧武鉉政権は、「e-Korea Vision 2006」を一部改定し、「Broadband IT Korea 2007」と分野別の情報化促進施行計画を発表した。さらに二〇〇四年七月には、u-korea（ユビキタス・コリア）推進のための「IT839戦略」を策定した。839とは、二・三ＧＨｚ携帯インターネット（ＷｉＢｒｏ）、インターネット電話（ＶｏＩＰ）、ＲＦＩＤ活用サービスなどの八大新規サービスと、ユビキタスセンサーネットワーク、次世代インターネット（ＩＰｖ６）などの三大インフラ、ホームネットワーク、デジタルコンテンツ、知能型ロボットなどの九大成長動力を指し、これらに対して二〇一〇年までに一兆二〇〇〇億ウォン（一二〇〇億円）の政府予算を集中的に投入する予定である。

電子政府関連では、住民登録、不動産、自動車、企業、税務など国民生活と関係の深い五大行政業務を電算化し、電子政府のポータルサイトから約四〇〇もの行政手続きができるようにした、G4C（Government for Citizen）プロジェクト（二〇〇二年から運用開始）が重要である。これによって、国民は自宅などから都合のいい時間に行政サービスを利用できるようになり、利便性が大幅に向上した。このプロジェクトは行政自治部、情報通信部、企画・予算処によって行われており、政府は行政手続きのスピードアップと、透明性の向上、そして年間一・八兆ウォン（一八〇〇億円）の節減を見込んでいる。

韓国の電子政府でもう一つ重要なシステムは、電子調達システム（二〇〇二年から運用開始）である。このシステムは公共サービス改革で顕著な実績をあげているとして、二〇〇三年に国連の表彰を受け、世界銀行の報告書では「世界で最も成功している電子調達」との評価を受けた。韓国では、五〇〇〇万ウォン（五〇〇万円）以上の財・サービスと三〇億ウォン（三億円）以上の土木建築工事を調達庁が一手に担っており、「入札による調達」と、「電子カタログを通じた調達」の二つの方式がある。大多数の調達は電子カタログによって行われており、事務手続きが大幅に効率化した。また入札による調達では、業者登録、入札公示、入札、開札、契約、検収、支払のすべての機能を統合している。政府電子調達システムは、発注者としてほぼすべての公共機関（中央政府、軍、地方政府、公的外郭団体、教育機関、公的金融機関、公益法人など約三万機関）が利用し、供給者としては公共工事や物品・サービス関連の国内外の企業が一四万社ほど利用登録する、全国的な電子商取引システムとなっている。この電子調達システムは利用率が高く、明確にコスト削減効果を生み出しているほか、業務の効率化、透明性の向上などにも役立っている。

江南区の取り組み

電子自治体としては、ソウル特別市の江南区が世界的に有名である。江南区は三九・五四平方キロメートルに約五三万人が住むやや大きな自治体で、ＩＣＴベンチャー企業がひしめき「韓国のシリコンバレー」と呼ばれるテヘランバレーを中心に、情報技術関連の技術者やビジネスマンが多く勤務・居住している。区としては、二〇〇〇年に「江南区情報化促進条例」を定め、ＳＭＡＲＴ江南と呼ばれる住民サービスの電子化と内部事務の効率化・透明化事業を推進し、先進電子自治体となった。江南区では多くの手続きがインターネット経由で家庭のパソコンや区内の駅やコンビニエンスストアなど一〇〇か所以上に設置されたキオスク端末から済ませることができる。このキオスク端末は、住民登録カードと指紋認証で本人確認がなされ、二四時間利用することができる。

また江南区の住民は、申請すれば区役所からメールアカウントと三〇メガバイトのメールボックス容量を無料で提供してもらえる。これは、区役所からの連絡をすべての住民に届けられるようにするためであり、すべての住民が電子自治体のサービスを受けられるようにするためである。区民

図 8-1　江南区のホームページ

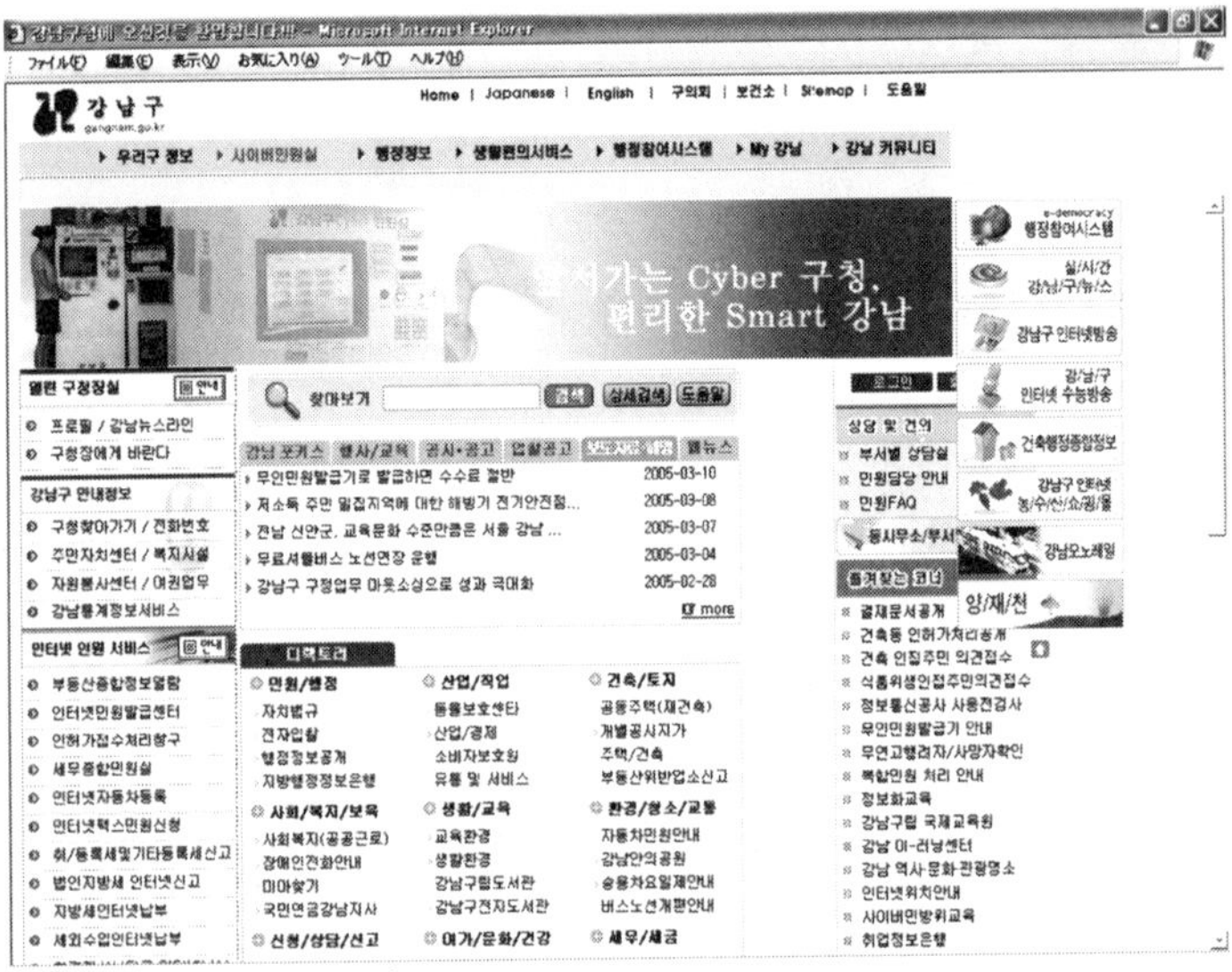

出典：www.gangnam.go.kr

の約四割にあたる二〇万人ほどが区のホームページに利用者登録し、施策の提案や議論を行っている。ここで交わされた議論は、予算編成時に施策の優先順位に反映されたりしている。

二〇〇四年、日本の佐賀市は、先進的な電子自治体を目指すとして、江南区と情報化交流協約を締結した。佐賀市は江南区をモデルとするキオスク端末や文書管理システムの導入を進めており、韓国企業がシステム構築を担当している。また、職員間の情報交換や相互派遣・相互訪問を行ったり共同研究を計画したりするなど、交流を深めている。

・二〇〇四年総選挙とネチズン

韓国で興味深いのは、ネチズンと政治

のかかわりである。彼らは、インターネット上のコミュニティや、オンラインメディアなどを通じて、現実世界の政治や行政、世論形成などに大きな影響力を発揮している。

情報化によって人々はさまざまな機器を駆使して、知識や情報を仲間と共有したり、不特定多数の人にも公開したりするなど、コミュニケーションやコラボレーション（共働）を効率的に、活発に行うようになる。このような人々を韓国では「ネチズン」と呼んでいる。韓国ではとくに、政治的な問題についてネチズンの行動が活発である。ここではその具体例として、二〇〇四年四月に行われた韓国の第一七回国会議員選挙における彼らの行動を紹介しよう。

この選挙では、盧大統領を支える少数与党のウリ党が議席を三倍増させる大躍進をした。勝因としては、伝統的な地域主義を超えて支持が広がったことや、ウリ党に政治的立場が近くインターネットに親和性の高い若年世代の投票率が上昇したことなどが挙げられているが、その背景にはネチズンたちの活動があった。

選挙の最大の争点は、三月一二日に可決された大統領弾劾決議の是非であった。この決議の直後から、盧大統領支持者たちのオンライン抗議行動はこれまでにない盛り上がりを見せた。政治をテーマとするウェブサイトが増加し、政党の掲示板だけではなく同窓会やアイドルのファンサイトなど、政治をテーマとしないウェブサイトの掲示板までもが選挙の話題でにぎわった。また弾劾決議への抗議集会は全国約六〇か所で組織され、三〇万人が集会に参加し、四五万人がインターネット中継を視聴した。

図 8-2　オーマイニュース・ホームページ

出典：http://www.ohmynews.com/

政治をテーマとするウェブサイトは、ニュース、解説・議論、パロディの三種類に分類できる。ウリ党の支持者たちは、日課のようにこれらを巡回した。

ニュースサイトの代表格はオーマイニュース(1)である。このメディアは、一般の人々がニュースを提供する市民記者制を採用しているところに特徴がある。市民記者や読者は、二〇〇二年のサッカーワールドカップで韓国代表の街頭応援を呼びかけたり、同年の大統領選挙で盧武鉉への投票を呼びかけたりするなど、オーマイニュースの場を活用し大きな社会現象を起こしてきた。今回の選挙でもオーマイニュースでは、主要メディアが報じないニュースを市民記者が報じ、有権者の情報源となった。

解説・議論サイトとしては、政治をテーマとしたウェブマガジンであるソプライズ[2]や時事問題を扱うライブイズ[3]等のサイトが話題となった。これらのサイトでは選挙戦の情勢が分析され、選挙運動に役立った。その他、ネイバー[4]等の主要なポータルサイトがアンケート調査を行い、世論形成に影響を与えた。

パロディサイトでは、ニュースや政治家をネタにした合成写真や動画、フラッシュ等の作品が盛んに公表され、若者の関心を集めた。このような活動を韓国ではPoliticsとEntertainmentを足して「ポリテインメント」と呼ぶこともあるそうだ。パロディサイトの代表格は、メディアモブ[5]である。ここでは、「ヘッディングライン」というパロディ動画ニュースを制作して公開した。女性アナウンサーが政治家を皮肉る内容のニュースを真顔で読み上げ、政治家の顔写真などを合成した動画や音楽が紹介されるものである。このコンテンツは大変人気を博し、KBS（地上波の国営放送）でも週四回放送されるレギュラーコーナーになった。韓国ではネット上の政治活動については法律が未整備だが、コンテンツが誹謗にあたるとして逮捕された人もいた。そのため、パロディ画像が最も多く集まったDCインサイド[6]では、パロディが元で逮捕された人々を救出するための情報交換や、「選挙期間こそ言論の自由が必要」という議論などが活発に行われた。

情報技術を活用した投票依頼も活発だった。与党のウリ党は、選挙キャンペーンを有利に展開していたが、現職議員が少ないため情勢は微妙であり、野党に勝利するには他の年代に比べて投票率が低い二〇代・三〇代の投票行動がカギを握ると考えられていた。ところが選挙キャンペーン中に、ウリ党のリーダーである鄭東泳議長が「高齢者は投票に来なくていい」という趣旨の発言をし、中高年層の反発を煽るミスを犯した。年長者を敬う文化が強く残る韓国では、これは大変な問題発言であった。そして投票三日前の時点では、与野党の支持率は伯仲し、勝利が危うくなった。そこで支持者たちは、最後の瞬間までさまざまなメディアを駆使し、若者に向けて投票キャンペーンを張った。友人知人に携帯電話をかけ、携帯電話のショートメッセージを送り、チャットや電子メールなども用いて選挙が非常に接戦であることを伝え、投票を依頼したのである。SKテレコムによると、投票日当日の携帯電話コールと携帯メールのトラフィックは、通常の日よりも二五％多かった。

その結果、投票率は二〇〇〇年の総選挙よりも二・七ポイント高い六〇・六％となった。とくにソウル市の投票率は前回より七・九ポイントも上昇した。二〇代・三〇代では約半数がウリ党に投票した（五〇代の約半数はハンナラ党に投票した）。三〇～四〇人のウリ党候補者が数十～数百票差で勝利したことを考えると、このラストスパートは、ウリ党の勝利に大きな貢献をしたといえる。

このようにウリ党を支持したネチズンは、簡便なコンテンツ制作技術と情報共有技術を使いこなすことで、大統領の座に続いて議会の多数派を手に入れた。支持者たちがそれぞれネタを楽しみ、相互に働きかけあう行為を積み重ねるなかから、党の組織的なキャンペーンや党首の失敗を補完する大きな力が創発したという点が、きわめてユニークである。

ネチズンを構成する世代とPC房、オンラインゲーム

情報技術を活用して政治に働きかけるネチズンが台頭してきた韓国では、世代論で市民の行動を捉える議論が有力である。世代は「アナログ世代」、「三八六世代」、「二〇・三〇世代」の三つに分けられている。

アナログ世代は、四〇代以上の世代である。この世代は一九九七年以降の経済危機の頃に企業や政府の第一線にいたため、大きな挫折を経験した。そのためこの世代はあまり元気がない。また情報技術にも疎く、社会変化に対して守りに入っている人々が多い。

三八六世代は、社会変化の中心を担っている世代である。「三八六」の三は三〇代であること、八は一九八〇年代に大学生であった（学生運動・民主化運動を経験した）こと、六は一九六〇年代生まれであることを意味する。彼らは他の世代よりも先にPCやインターネット等の情報技術に触れた。そのため機器を使いこなすリテラシーが高い。

二〇・三〇世代は、二〇〜三〇歳の世代である。彼らは三八六世代よりもさらに技術に強く、N（ネットワーク）世代と呼ばれることもある。三八六世代が前世代に対して勢力を増してきたところへ、さらに追いついて台頭してきたグループである。

ネチズンを構成しているのは、三八六世代と二〇・三〇世代の人々である。彼らの文化は、PC房（インターネットカフェ）で育まれた。一九九七年にPC房が出現した当初は国内で五〇〇か所ほどであったがピークの二〇〇一年には二万数千か所にまで増加した。その後、二〇〇三年には家庭用DSLの普及によって一万八〇〇〇か所ほどに減ったものの、再び増えて二〇〇四年には約二万二〇〇〇か所であった。PC房を利用する人々は、当初はオンラインゲーム、チャット、メール等が主な利用目的であったが、家庭用ブロードバンド・常時接続の普及により、とくにチャットやメールの利用者が減少した。だがPC房の経営者たちが多角化やイメージチェンジに取り組んだ結果、顧客は増加に転じ、顧客層もゲーム好きな一〇～三〇代男性だけではなく、音楽ダウンロードや短時間のゲームを楽しむ小学生や三〇代の女性、女子中高生などに多様化してきている。ゲーム目的の利用者が全利用者に占める割合は、一九九八年頃には七〇％程度であったのに対し、二〇〇四年は二五％程度である。

PC房での利用は減少したが、ネチズンの間ではオンラインゲームの人気は根強いものがあり、韓国のゲーム文化は独自の発展を遂げている。韓国にはオンラインゲームのプロリーグがあり、二〇〇五年現在、二五〇人以上のプロゲーム選手が参戦している。選手はSKテレコムやKTFといった携帯電話会社などスポンサーのロゴ入りユニホームを着て収入を得ている。なかには年収二五〇〇万円を超えるスター選手もいる。こうした大会に参加したり、プレイを観戦したりすることを「eスポーツ」と呼び、流行している。昨年行われた大会では会場に一〇万人のファンを集め、試合のテレビ中継の視聴率は、同日に行われたプロ野球の優勝チーム決定戦を上回ったそうである。また、eスポーツの振興には韓国政府も力を入れており、ワールドサイバーゲームスという世界大会の名誉会長には盧武鉉大統領が就任している。また中国やシンガポール、ロシアなどでも政府が支援する動きがある。

ｅスポーツの文化は、ユーザーコミュニティを基盤としている点が特徴的である。従来の、とくに日本のゲーム専用機では、ゲーム機やゲームを製造する会社のコントロールが強く、綿密な商品企画や販売戦略、資金調達が先にあってユーザーにアプローチするトップダウンの傾向が強かったのに対して、ｅスポーツでは開発者も投資家もユーザーと近い場所にあり、ユーザーと共にボトムアップ的に成長していく。ユーザーが自発的に関連ソフトを開発したり、ユーザーの声を受けてゲーム内容がこまめに調整されたりするのである。ユーザーの相互作用に立脚した、ボトムアップ型で新しい文化が生まれてきているといえよう。

ネチズンの影響力

ネチズンは、社会のさまざまな場所で影響力を強めている。ニュースポータルであるメディアダウム(7)のニュースチームは、「メディアに対するネチズンからのモラルの要求はとても高い」と述べている。彼らの批判はとても厳しく、誤字脱字の指摘はもちろん、報道姿勢についても何かあれば即座に批判が寄せられる。ウェブサイトに設けた読者用の掲示板が、オンブズマンの役割を果たしている。

また野党に所属しながらネチズンから高い支持を受けているハンナラ党の元喜龍議員は、「『国民の心は天の心』という言葉が韓国にはあるが、ネチズンの影響力の拡大によって『ネチズンの心は天の心』というべき状況になってきている」という。彼自身は、自らのブログで日々の活動報告をしたり、ウェブサイトで政策アイディアを募集したり、八〇名いるボランティアの「サイバー補佐官」が寄せてくるアドバイスを受けたりしている。また、議員個人のサイトとは別に、自発的に立ち上がったファンサイトがあり、そこに書かれている意見を政治活動に生かすこともあるという。

二〇〇四年総選挙で多くのネチズンが支持したウリ党に敗れたハンナラ党は、選挙における情報技術の影響力の大きさを痛感し、党改革に乗り出した。まず朴槿恵代表が選挙後の記者会見で「デジタル政党」への脱皮を宣言し、すぐさま当選者全員を対象とする研修会を八回実施した。そこでは「一方向的な旧来のマスメディアの読者のような、ネットワークにつながっていない、沈黙する多数にはもう影響力がない」などという講義がなされた。またデジタル政党化を検討するタスクフォースを設置し、意思決定過程を改革してネチズンが党運営に参画する方法を用意した。現在、ハンナラ党では議員五〇％、世論調査三〇％、ネチズン二〇％という配分で意思決定をしている。このハンナラ党の方向転換は、有権者像の転換、すなわち「訴えかけ、お願いする対象」から、「コミュニケートし協力して世論や行動を作り出す仲間」への転換を意味する。

駐韓米軍やアメリカ大使館もネチズンへの説明を重視している。米軍による事件が起きて反米感情が高まった際には、司令官や大使がダウム等のポータルサイトを使ってネチズンとオンライン意見交換を行った。

オンラインメディアの登場

政治とネットの関係を考えるうえでは、新しいメディアであるインターネットが政治・行政と国民の「情報の非対称性」をどう解消するのかという重要な論点がある。韓国においても、オンラインメディアの登場が既存のマスメディアに与えたインパクトの大きさを無視することはできない。

韓国の新聞業界ではこれまで、朝鮮日報、中央日報、東亜日報の三紙が七五％のシェアを分け合い、確固とした地位を築いてきた。このような既存の大手メディア（オールドメディア）の記者は社会的地位が高く、特権階級のような振る舞いをし、政治的立場は保守的である。また伝統的に政権との関係が深く、政権側が記者をパーティで接待し、見返りに記者が政権に不利な記事を控えるようなことが日常的であったという。

これに対して登場したのが、オーマイニュースに代表されるオンラインメディアである。オーマイニュースは、マイナーな社会運動型メディアの記者であった呉連鎬が二〇〇〇年二月に創刊したもので、一般の人々がニュースを提供する市民記者制が特徴である。市民記者は、オールドメディアが報じないニュースを報じたり、オールドメディアの腐敗を告発したりしてきた。たとえば、金泳三元大統領が高麗大学で学生から卵を投げつけられた事件をオールドメディアは一切報道しなかったが、オーマイニュースだけが報道した。また、あるテレビ記者が警察官に暴行する事件を起こしたが、テレビ局の圧力によって逆に被害者の警察官が更迭された時には、怒った警察官がオーマイニュースの掲示板で告発し、大反響になった。金大中前大統領や盧武鉉大統領はこのような言論界の改革を支持しており、盧武鉉は大統領就任時の初会見をオールドメディアではなくオーマイニ

図8-3　メディアダウム・ホームページ

出典：http:// media.daum.net/

ュースと行った。オールドメディアはオーマイニュースに対して「無責任な報道」、「刺激的」と批判を繰り返しているが、読者の間では次第に信頼を獲得してきている。

メディアダウムなど、ポータルサイトが掲載するニュースも影響力を強めている。たとえば二〇〇五年一月、オンラインメディアが掲載した一枚の報道写真がきっかけでネチズンの非難が高まり、短期間で政府を動かした事件があった。家庭環境に恵まれない子供は、学校の休暇期間中に食事をとることが難しくなってしまうため、韓国では居住地域の自治体が弁当を届ける制度がある。だが、西帰浦市が配布した弁当があまりに粗末であることが写真付きでネット上に公表され、ネチズンの大きな批判や抗議を呼んだ。この件は、最初は地方の小さなニュースサイトが記事にしたが、メディアダウムがトップニュースに採り上げてからは、ネチズンがブログやカフェ（掲示板コミュニティ）を舞台に批判や抗議などで盛り上がった。これを受けてオフラインのオールドメディアなども大きな話題として採り上げたり、自治体や中央政府へも抗議コメントがたくさん寄せられたりするなど、短期間で急速に飛び火した。その過程で、この問題は西帰浦市だけではなく全国的な制度や構造の問題であることも判明し、はじめて記事になってから四日後には、ついに中央政府の担当大臣が調査を行うことを表明、一〇日後には首相の下で各自治体への担当部署設置や弁当の単価引き上げが決定された。

二〇〇〇年の総選挙で盛り上がった市民団体による「落選運動」も、同様の構造をもっていた。これは約四六〇の市民団体が連携し、汚職歴や徴兵忌避などの経歴がある候補者を「政治家に不適格な人物」として公表し、公認を与えないように各党に要請、公認された場合には落選運動を展開する、というものである。この時も、オールドメディアが報道しない情報を市民団体が暴き、新しいメディアを使って広めたのである。

オンラインメディアと世論の形成

アメリカの経済学者アンソニー・ダウンズは、政党・政治家がより多く得票するためには世論を意識して中道にならざるをえず、そのため政党の政策は似通ったものになるとした。

図 8-4　オンラインメディアと世論

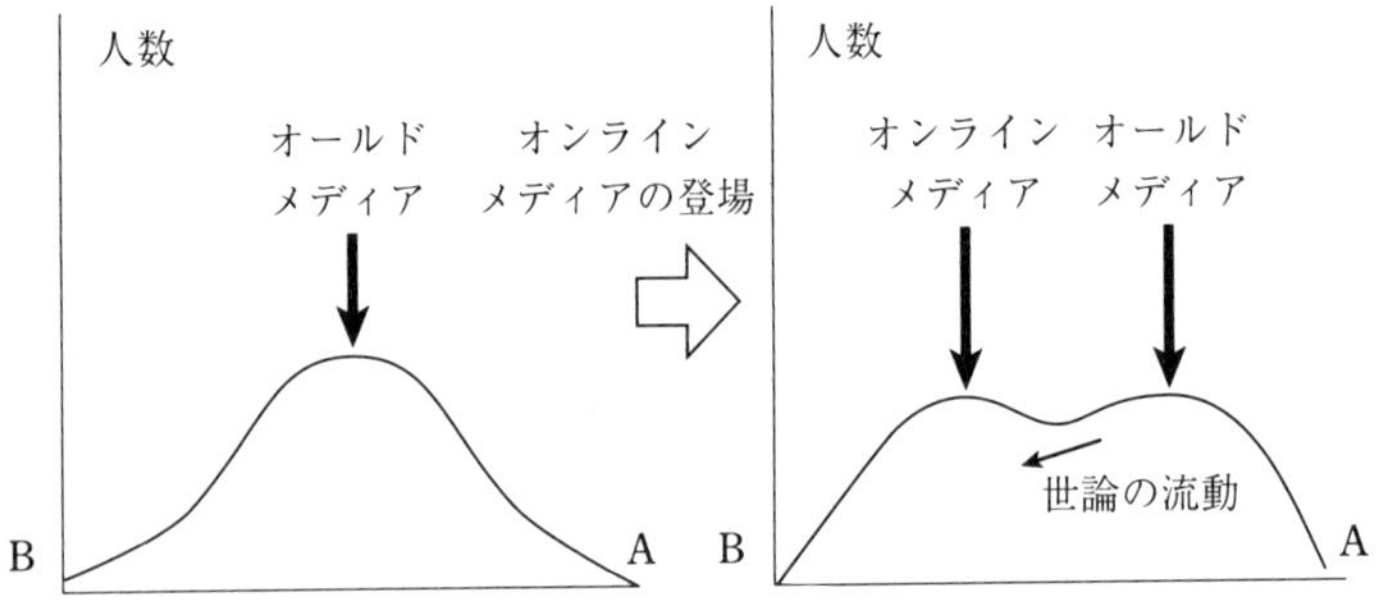

だが韓国ではオンラインメディアの登場以後、既存の世論から少し離れたところに新しいもう一つの世論の「山」が生まれてきているように見える。つまりオールドメディアの影響下で作られていた世論が、革新的なオンラインメディアの登場によって保守と革新の二つの世論の山に分裂しているのだ。これはおそらく、オンラインメディアの登場によって政治的・政策的な情報が流れるチャネルが増え、そこにオールドメディアとネチズンの間で立場が異なる政治的な争点が現れたり、オールドメディアが報じていなかった矛盾、偽善、汚職や政策の過誤などが流れたりすることで、ネチズンが、既存の秩序に異議を唱える集団（新しい「山」）として現れてきていると考えられる。

そしてダウンズの議論のように、新しい「山」の登場に対応して政党や政治家が政治的ポジションをとることで、新たな対立が生まれてきているのではないだろうか。

オンラインとオフラインの連動

韓国ではネチズン世論の地滑り的な移動に対応して、現実社

図8-5　ダウムカフェのホームページ

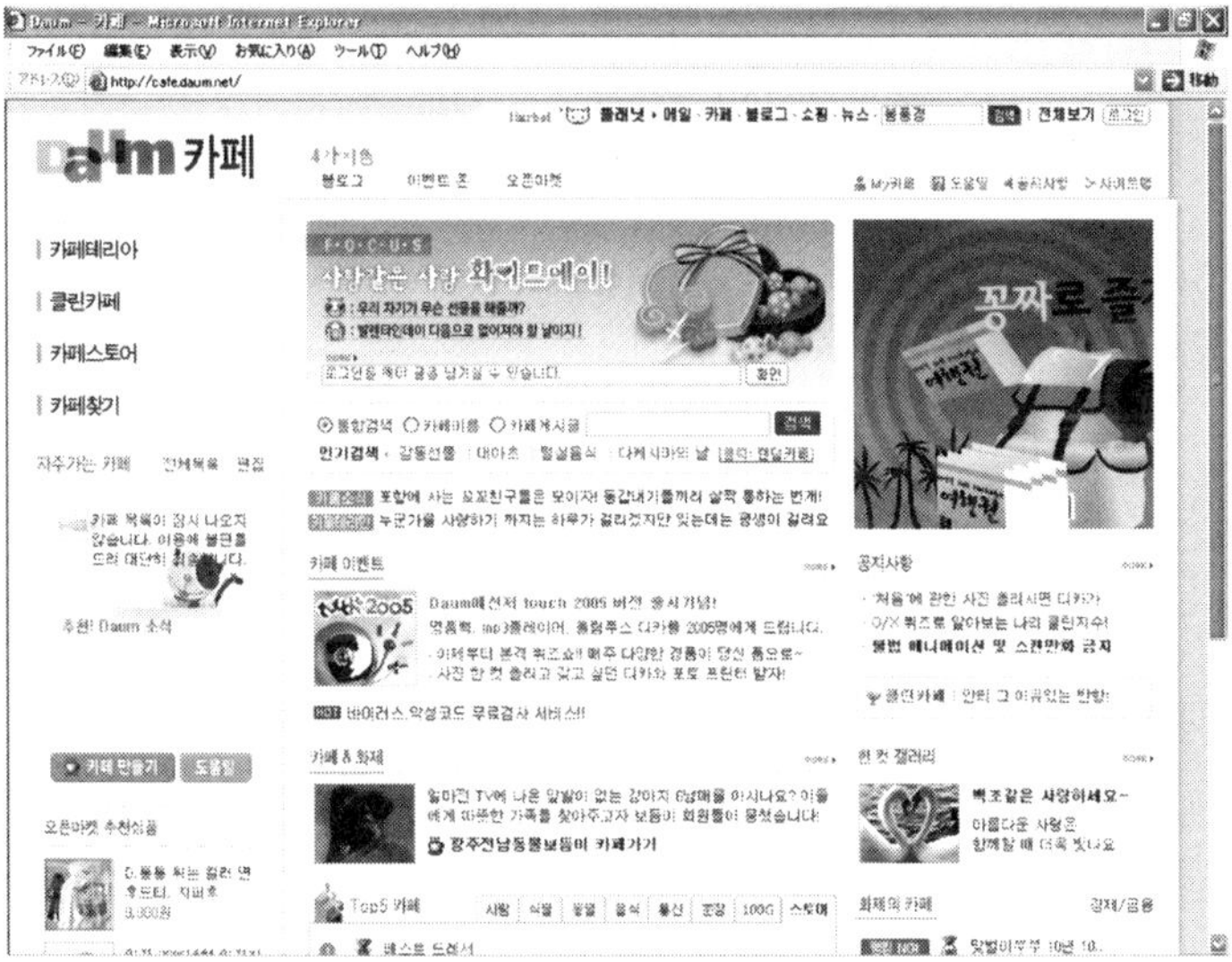

出典：http://cafe.daum.net/

会で盧武鉉大統領が誕生したり、ウリ党が勝利したり、弁当の補助金が増額されたりしている。メディアダウムのニュースチームは、最近のネチズンの傾向として「ニュースが『読むもの』から『読んで行動を起こすもの』になった」と表現する。人々は、ニュースを見聞きするだけではなく、ネット上で仲間を募ってイベントを開催したり、抗議メールを送ったり、スマトラ沖地震被害者への募金を行ったりするなど、現実の出来事に反応しているのである。オンラインの議論とオフラインの行動が結びつくことが、規模の大小はあるが頻繁に起きている。

　ネチズンはダウムコミュニケーションズが設けたネット上のバーチャルな「カフェ（韓国語では「カッペ」）」コミュニ

ティで議論や情報交換をしている。ダウムカフェは、掲示板とファイル共有機能などが結びついたメンバー制のシステムで技術的に珍しいものではないが、二〇〇五年一月現在で四五〇万か所以上開設され、多くのユーザーが利用している。カフェの規模はメンバーが一〇〇万人を超えるものから数人のものまでさまざまある。カフェのテーマも趣味や流行の話題、生活の知恵の交換、噂話の交換などが多いが、七万人が参加する盧武鉉大統領の支持者のカフェのような社会的なテーマのカフェもいろいろと開設されている。またカフェの利用者はオフラインの会合を重視しており、おそらく日本の同様のコミュニティよりも開催頻度がはるかに高い。それが韓国のオンラインとオフラインの「近さ」を作り出しているようだ。

なお、運営するダウムコミュニケーションズ社では、もともと、ダウムカフェとニュースポータルのメディアダウムにはなんら関連性を持たせておらず、まったく別のチームが別々に運営していた。しかしメディアダウムの読者が、ニュース記事や読者掲示板にコメントを書きあうなかから次第にカフェへと議論の場を移していく流れが自然と生まれてきたため、現在はカフェとニュースのチームを同じ本部の下に統合して連携を模索している。

統合と分裂の同時進行

アメリカの憲法学者のキャス・サンスティーンは、インターネット上のコミュニケーションでは、同じ意見をもつ人どうしが出会い、仲間を作ることが容易であるため、主義主張の純化や先鋭化が進み、対立する立場を無視・排除する傾向が強化される「サイバーカスケード」が頻発していくと指摘する。そしてこの現象が、「異なる立場間のコミュニケーション」や「社会的な共通体験」などの民主主義社会を支える重要な要素の喪失をもたらすのではないか、という懸念を表明している。

韓国ではまさに、サイバーカスケードによって政治的な立場の分裂が始まっているといえよう。またこの分裂は、「アナログ世代」、「三八六世代」、「二〇・三〇世代（N世代）」の二つの世代論と結びついているように見える。少なくとも、アナログ世代とそれ以降の世代の分裂は、ニュースメディアの違いなどを原因として進んでいる。これに伴って若い世代では、オールドメディアが発行する紙媒体の新聞を解約する人も増えている。二〇〇五年に入ってからは、盧武鉉大統領を支持するネチズンが、保守的な新聞（とくに朝鮮日報・東亜日報）の購読拒否運動を始めた。このような動きによって、中小の新聞社の中には経営難に陥るところが出始めており、将来的には新聞社どうしの合併や再編が起こるだろうとの予測もある。この傾向が続くと、世代間の断絶や葛藤はさらに進行していく可能性がある。

また、三八六世代と二〇・三〇世代の差異も顕在化してきた。ソウル大学の金湘培助教授によれば、三八六世代が情報技術を「頭で考えて」使っているのに対して、二〇・三〇世代は情報技術を「心で感じて」あるいは「面白さ主導で」使っている。二〇〇二年のサッカーワールドカップの際にレッドデビルと呼ばれた熱狂的なサポーターは、韓国代表チームの試合があるたびにソウル市庁舎前広場に集結し、勝ち進むほどその数は数十万人へと膨れ上がっていった。このとき彼らの動機には、ナショナリズム的なものとともに、多くの人間が一か所に集まって共働すること自体の「面白さ（当時は「猟奇的」と表現することも多かった）」があった。そしてその後に彼らが政治的な行動に流入しているのも、共に盛り上がって社会を動かすことの「面白さ」が彼らを捕らえているからではないかと考えられる。さらに金助教授によれば、三八六世代は政治的・公共的なことに参加する意志が強いのに対して、二〇・三〇世代はより個人的なことへの関心が強い。二〇代の若い人々に人気があるサイワールドというポータルサイトのミニホンピ（ミニホームページの略）という、ソーシャルネットワーキングとブログが融合したようなサービスは、カフェが公共的な話題を扱ったり趣味を通じて社交的に振舞う場として使われたりしているのに比べると、自分の身の回りの本当に親しい人たちとの日常的な交流に使われていて交際範囲が狭いのである。

ただしその一方で、インターネットを通じたコミュニケーションが、社会の統合を進めているかのような議論もある。それは「韓国の人々は情報通信の発展が、都市化によって弱まった人的なつながりの意識を復活させた」というものや、「韓国社会が少数の有力者層による支配から、ネチズンに代表される多数による支配、大衆による支配へと変化した」というようなものだ。

たとえば韓国のオンラインゲームは、映像の美しさなどよりもコミュニケーション機能に重点を置いて開発されている。これは、ユーザーがゲーム内容とともにゲーム中に行われる他者とのコミュニケーションに楽しさを見出しているからである。ダウムカフェが人気を集めたのも、趣味など共通の話題を軸に、オフラインも含めた人的なつながりを増やし、再構成してくれるからであるといわれる。韓国では伝統的な地縁・血縁などが以前に比べると弱まったといわれるが、オンラインゲームやカフェでは、ゲーム内容や趣味などの共通の目的を通じて出会った人どうしも、地縁・血縁・学縁（同窓の縁）などによって再び強く結びつける効果が生まれているのである。また、同窓会サイトや、サイワールド内の学縁ネットワーク、「同じ電車やバスの利用者」などの共通点を基にした地縁カフェなど、地縁や学縁などに基づく関係の強化が起きている。ソウルの「テヘランバレー」地区で互いに競争しているベンチャー企業の経営者たちも、財閥などの既存の関係からいったん解き放たれつつも、同時に学閥や地縁などを元にした人脈の再構成をしているという。韓国の研究者はこのような状況を「新家族主義」と呼ぶ。これはサイバーカスケードによる社会集団の細分化にも見えるが、そうではない。なぜなら人々は再構成された集団に閉じこもるのではなく、次から次へと所属する集団を求めて社交性を発揮しながら新たなグループを作り続けており、そのうえグループのメンバーも流動的で、さらにグループの垣根を越えたコミュニケーションも豊かだからである。むしろ彼らはネチズンというアイデンティティを共有しながらアドホックにグループを形成しているのだ。

つまり現在のところ、韓国のネチズンの間では、相反する「分裂」と「統合」が同時に進んでいるようである。

今後、ネチズンがどのように振る舞い、韓国社会にどのような秩序が創発されていくのかを見極めることは難しい。人々がよいと思ってとった行動が、中長期的に見て望ましくない結果をもたらすことは大いにあり得る。現に、盧武鉉大統領を誕生させた人々のなかには、彼を大統領にして後悔している、と公言する人も少なくない。

だが少なくとも、今後の情報社会の文化を考えていくうえで、韓国社会の現状は非常に示唆に富むものであるといえよう。

注

（1） http://www.ohmynews.com/
（2） http://www.seoprise.com
（3） http://www.liveis.com
（4） http://www.naver.com
（5） http://www.mediamob.co.kr
（6） http://www.dcinside.com
（7） http:// media.daum.net/

終章

eデモクラシーとコミュニティ

岩崎正洋

なぜコミュニティか

eデモクラシーについて考えるために、なぜコミュニティにも目を向ける必要があるのだろうか。あの有名な「地方自治は民主主義の学校である」というジェームズ・ブライスの言葉を思い出させるかのように、eデモクラシーの実践は、人々の身近なところで具体化されている。多くの人々にとっては、国レベルではなく、むしろ自分たちの身の回りの地方レベルで、eデモクラシーが実現しているというのが現状であろう。

本書では、人々の身近なところで行われているeデモクラシーへの取り組みに焦点を向けている。そのため、国レベルの動きではなく、地方レベルの動きに目を向けることになり、人々の日常生活に近づくことで、コミュニティに焦点が絞られる。

その意味で、コミュニティは、人と人との身近なつながりがみられる「場」として位置づけられる。コミュニティは、人と人とのつながりを前提としている。それがフェイス・トゥ・フェイスによるリアルなスペース上のつながりであれ、あるいは、ネットワークを介したサイバースペース上のつながりであれ、いずれも現代のコミュニティの姿を示していることにかわりはない。

人々は、職場や学校、家庭などのように、日常的にかかわりあいをもつコミュニティに加えて、ネットワークによるコミュニティにもかかわりをもっている。これら二つのコミュニティは、いずれか一方が優勢であるとか、新しいものが古いものに取って代わるとか、対立的な関係にあるのではない。現実に、人々は、二つのコミュニティにかかわりをもっていることから目をそらすわけにはいかないのである。

本書の第Ｉ部で紹介された電子会議室や電子町内会は、これまでのコミュニティと、新しいネットワークによるコミュニティとの両者が共存している具体例である。

たとえば、本書の第１章で取り扱われている三重県の電子会議室では、三重県民が県内のさまざまな問題を発見し、解決策を検討していくという点では、これまでのリアルなコミュニティでみられたこととかわりはない。しかし、電子会議室というネットワーク上のコミュニティが用いられている点に新しさがある。電子会議室は、新しい参加の手段と機会を提供している。まさに、その点がｅデモクラシーの実践なのである。

同様に、岡山県の電子町内会の事例も、既存の町内会という枠組みを活用しているという点では、リアルなコミュニティである。そうはいっても、電子町内会として、ウェブを使って町内会の運営を行っているという点で、ネットワークによるコミュニティである。町内会の関係者はもちろん、単なる傍観者の目からみても、電子町内会は、二つのコミュニティが共存したものであり、ｅデモクラシーの実践には、二つのコミュニティの共存自体が欠かせないのかもしれない。

今日、人々は、日常のリアルなスペース上のコミュニティに加え、ネットワークによるコミュニティにもかかわりをもっている。また、リアルなコミュニティでの問題発見や解決にあたって、ネットワークによるコミュニティが利用されている。さらに、ｅデモクラシーを実現するには、これら二つのコミュニティの共存が欠かせないのである。

IT基本法

実際に、コミュニティがeデモクラシーの実践の現場だとしても、そうなるまでの背景がどのようなものであったかを把握しておく必要がある。そうしないと、なぜeデモクラシーとコミュニティとが関連するかが不明なままだからである。

ICT（Information and Communications Technology）の発達により、社会のさまざまな側面が変化し、人々の行動も変化した。人々の行動が変化するとともに、人々の価値観も変化する。社会のなかで、政治や行政だけが変化を拒絶し、何も変わらずにいることなどないだろう。

人々の行動や価値観が変化する以上、政治や行政に対する人々のかかわり方も従来とは異なるものになると予想できる。

日本では、二〇〇〇年一一月に「高度情報通信ネットワーク社会形成基本法」、いわゆる「IT基本法」を定め、ICTの普及した社会への対策を講じようとした。ところで、本章では、特定の名称に「IT」という表現が用いられている場合を除き、基本的に「ICT」という用語を使用する。

IT基本法は、高度情報通信ネットワーク社会の到来を想定している。同法によれば、高度情報通信ネットワーク社会とは、「インターネットその他の高度情報通信ネットワークを通じて自由かつ安全に多様な情報又は知識を世界的規模で入手し、共有し、又は発信することにより、あらゆる分野における創造的かつ活力ある発展が可能となる社会」のことである。

人々は、さまざまな場面でＩＣＴを利用し、これまでとは異なるメリットを享受するようになる。このような社会の形成にあたっては、国・地方自治体と民間との役割分担がなされる。原則的には、民間が主導的な役割を担うことになる。

それに対して、国や地方自治体は、「公正な競争の促進、規制の見直し等高度情報通信ネットワーク社会の形成を阻害する要因の解消その他の民間の活力が十分に発揮されるための環境整備等を中心とした施策を行うもの」となっている。

そのため、民間部門で着々とＩＣＴ化が進み、人々を取り巻く環境が変化しつつあるのは、当然のことといえる。また、従来のように、何でもかんでも官主導という時代とは異なり、官民の役割分担に変化がみられる現在では、ＩＴ基本法で述べられているようなかたちでの役割分担は、現実社会に適合したものだといえる。

もちろん、国は、基本理念に則った施策を策定し、地方自治体は、国との役割分担をふまえて、特性を生かした自主的な施策を策定し、実施するという役割をもっている。同法によれば、国レベルでは、内閣に「高度情報通信ネットワーク社会推進戦略本部（ＩＴ戦略本部）」を設置し、内閣総理大臣を本部長とすることになっている。

ＩＴ戦略本部が二〇〇一年一月に発表した「e-Japan 戦略」は、ＩＴ基本法の内容を受けたものである。その内容をみると、その時点ではまだ、現在のようなｅデモクラシーのかたちは想像しにくいように思われる。

e-Japan 戦略

ＩＴ戦略本部は、e-Japan 戦略のなかで、「我が国が五年以内に世界最先端のＩＴ国家となることを目指す」と宣言した。e-Japan 戦略が決定されたのは、二〇〇一年一月二二日のことである。当時の現状認識は、日本のＩＴ革命への取り組みは大きな遅れをとっており、インターネットの普及率は低く、アジア・太平洋地域のなかでも決して先進国ではないというものであった。また、行政はもちろん、ビジネスの分野でも遅れをとっているという認識であった。

そのため、国家戦略として取り組む必要性が叫ばれ、「知識創発型の社会」を目指すとされた。知識創発型の社会は、教育、芸術・科学、医療・介護、就労、産業、環境、生活、移動・交通、社会参加、行政などの分野にわたって、具体的なイメージが描かれたものである。その実現のためには、まず、ＩＴ国家基盤として、「①超高速ネットワークインフラ整備及び競争政策、②電子商取引と新たな環境整備、③電子政府の実現、④人材育成の強化」という四つの重点政策分野に集中的に取り組む必要があるとされた。

そのなかでも、今日のeデモクラシーに関連するのは、三番目の電子政府の実現についての部分である。

この点は、すでにＩＴ基本法のなかでも、「高度情報通信ネットワーク社会の形成に関する施策の策定に当たっては、国民の利便性の向上を図るとともに、行政運営の簡素化、効率化及び透明性の向上に資するため、国及び地方公共団体の事務におけるインターネットその他の高度情報通信ネットワークの利用の拡大等行政の情報化を積極的に推進するために必要な措置が講じられなければならない」とされている（同法第二〇条）。

e-Japan 戦略の基本的な考え方では、「電子政府は、行政内部や行政と国民・事業者との間で書類ベース、対面ベースで行われている業務をオンライン化し、情報ネットワークを通じて省庁横断的、国・地方一体的に情報を瞬時に共有・活用する新たな行政を実現するものである」。

電子政府は、誰にとっても、国や地方自治体が提供する全サービスを時間的にも地理的にも制約なく活用できるようにし、快適・便利な国民生活や産業活動の活性化を実現することになる。自宅や職場からインターネット経由で、すべての行政手続きが二四時間いつでも受け付けられ、国民や企業の利便性が飛躍的に向上するのである。

さらに、目標としては、「文書の電子化、ペーパーレス化及び情報ネットワークを通じた情報共有・活用に向けた業務改革を重点的に推進することにより、二〇〇三年度には、電子情報を紙情報と同等に扱う行政を実現し、ひいては幅広い国民・事業者のIT化を促す」ことが掲げられていた。

そのためには、①行政（国・地方公共団体）内部の電子化、②官民接点のオンライン化、③行政情報のインターネット公開、利用促進、④地方公共団体の取組み支援、⑤規制・制度の改革、⑥調達方式の見直しなどの具体的な推進すべき方策が提示された。

残念なことに、IT基本法と、それに続くe-Japan 戦略をみると、そこで述べられている電子政府とは、あくまでも行政の電子化にすぎないものであった。電子政府の実現によって国民や企業にもたらされるメリットが示されていたとはいえ、いずれも行政の分野に限られており、行政からの一方向的なものであった。

その点を考えると、二〇〇一年の時点ではまだeデモクラシーの実現などは、あまり意識されておらず、電子政府という制度構築の段階であった。ハードの構築段階にすぎなかったのである。

e-Japan 戦略II

二〇〇三年七月二日には、IT戦略本部が「e-Japan 戦略II」を発表した。そのなかでは、ITの戦略的な利活用を軸として、新たな価値に基づいた社会を築き上げる挑戦に立ち向かわなければならないとされ、「元気・安心・感動・便利」社会を目指すとされている。

e-Japan 戦略IIは、日本のIT戦略の第二期の改革の青写真として位置づけられている。二〇〇一年のe-Japan 戦略はIT基盤整備の段階であり、e-Japan 戦略IIはIT利活用の段階に位置する。これらの戦略によって、IT戦略本部は、「五年以内（二〇〇五年）に世界最先端のIT国家となる」という大目標を実現するとともに、二〇〇六年以降も世界最先端であり続けることを目指すとしている。

目標とする時期が近づくにつれ、IT戦略本部は、e-Japan 戦略IIのなかで、より具体的な施策を提示したのである。具体的には、「民を主役に官が支援する七つの先導的取り組み」として、医療、食、生活、中小企業金融、知、就労・労働、行政サービスなどがある。

紙幅の関係上、詳細を述べることはできないが、七つの取り組みの各々について、キャッチフレーズのみに注目すると、次のようになる。

①医療＝患者を中心に医療機関が連携。安価・安心・安全な医療で健康増進。
②食＝産地から食卓までを信頼で繋ぐ。美味を楽しむだけでなく、作り方、運び方、売り方など、全てを知って安心な食生活。
③生活＝一人暮らしでも一人じゃない。ITで実現する見守り・温もり・便利なくらし。
④中小企業金融＝中小企業の資金効率を向上させ、積極的に事業展開。
⑤知＝育て！　人材、進め！　コンテンツ立国。日本発の「知」が世界を駆けめぐる。
⑥就労・労働＝職探しもワークスタイルも意のままに。労使・家庭、双方幸せに。
⑦行政サービス＝重複投資は徹底排除、行政の透明性を高め、民の参画を促進。

いずれの取り組みについても、ICTを積極的に活用することで、これまでとは異なる取り組みが図れることを全面的に打ち出している。一つ一つの取り組みを実現するには、一方で、国レベルでの法制度の整備が必要になる場合があるとしても、他方では、地方レベルでのきめ細かな対応が必要になる。それにともない、コミュニティでのICTの活用が非常に重要になる。

したがって、e-Japan 戦略IIでは、電子政府・電子自治体といった行政側でのICTの活用だけではなく、これまで以上に民の側でのICTの活用を意識した取り組みが示されているといえる。七つの取り組みの実施にあたっては、民を主役にし、官が支援するという図式が考えられている以上、企業やNPOの役割が前面にならざるをえない。

同時に、七つの取り組み内容をみると、一人一人の国民（市民・住民）が日常的にICTを利用するという前提に立っている。そこから明らかになるのは、e-Japan戦略の段階よりもさらに進んだかたちで、ICTが参加の手段や機会として位置づけられていることである。

たとえば、行政サービスの取り組みだけをみても、明らかに広がりをみせている。具体的にいえば、「国民が必要な時に政治、行政、司法部門の情報を入手し、発言ができるようにすることで、広く国民が参画できる社会を形成する」とされており、国民が一方的に受身の立場に立つのではなく、能動的に発言する立場にも立ち、参加することができる点を示唆している。この点は、eデモクラシーの可能性を示している。

政策の展開

IT戦略本部は、そのほかにも、さまざまな政策を打ち出している。

二〇〇一年一月にe-Japan戦略を決定し、三月二九日には「e-Japan重点計画」を決定した。この後、いくつかの「重点計画」が決定されるが、これらは、IT基本法とe-Japan戦略を受け、その時々の個別の施策内容を具体的に取り扱ったものである。

重点計画とは別に、その都度、関連する施策も検討され、決定されている。

二〇〇一年六月二六日には、「e-Japan二〇〇二プログラム」が決定された。その年の一一月七日には、「e-Japan 重点計画、e-Japan 二〇〇二プログラムの加速・前倒し」が決定された。

翌二〇〇二年六月一八日に「e-Japan 重点計画―二〇〇二」が決定され、二〇〇三年七月二日には、すでに紹介した「e-Japan 戦略II」が決まった。同年八月八日に「e-Japan 重点計画―二〇〇三」、二〇〇四年二月六日には、「e-Japan 戦略II加速化パッケージ」が明らかになった。

二〇〇四年は、さらに動きがあり、六月一五日に「e-Japan 重点計画―二〇〇四」、九月一〇日に「IT国際政策の基本的考え方」、一二月七日に「情報セキュリティ問題に取り組む政府の役割・機能の見直しに向けて」など立て続けに政策が示された。

これまでに決定された政策は、大きく分けると、三つの段階を経ている。

まず、IT基本法を受けてつくられた「e-Japan 戦略」を軸に、「e-Japan 重点計画」、「e-Japan 重点計画―二〇〇二」へと至る二〇〇一年から二〇〇二年までの期間である。この時期は、インフラなどの基盤整備の段階である。

次いで、二〇〇三年は、「e-Japan 戦略II」を軸に、「e-Japan 重点計画―二〇〇三」が出された。この時期は、七つの分野でのIT利活用の先導的な取り組みを重視した段階である。

二〇〇四年になり、「e-Japan 戦略II加速化パッケージ」を軸に、「e-Japan 重点計画―二〇〇四」では、IT国家到達への重点施策の明確化が一段と進んだ。「e-Japan 重点計画―二〇〇四」のなかでは、二〇〇五年の目標達成を確実にする施策として、①加速化五分野、②先導的七分野、③インフラについて取り扱われている。

加速化五分野は、アジアを中心とする国際政策、セキュリティ、コンテンツ、IT規制改革、電子政府・電子自治体などである。先導的七分野は、e-Japan 戦略IIで提示された七つの分野である。さらに、二〇〇六年以降に向けた布石としても、国際政策、情報セキュリティ、人材・教育、電子商取引、コンテンツ、行政の情報化、研究開発、インフラなどの分野が考えられていた。

二〇〇五年

IT戦略本部が「我が国が五年以内に世界最先端のIT国家となる」と高らかに宣言したのが二〇〇一年一月のことであるから、二〇〇五年は目標達成の年にあたる。日本は、本当に世界最先端のIT国家となったのだろうか。

ちょうど五年目にあたる節目の年である二〇〇五年二月二四日に、IT戦略本部は、「IT政策パッケージ—二〇〇五」を決定した（本書の付属資料を参照）。

そのなかでは、政策名の「IT政策パッケージ—二〇〇五」に続いて、「世界最先端のIT国家の実現に向けて」という副題がつけられており、目標達成の年に発表する政策であることが意識されている。

この政策は、行政サービス、医療、教育・人材、生活、電子商取引、情報セキュリティ・個人情報保護、国際政策、研究開発などの八分野からなっている。各分野について、施策にあたって担当する省庁が明示されており、いつまでに何を行うかという点についても言及されている。その意味では、かなり詳細にふみ込んだ内容だといえる。

たとえば、行政サービスの分野では、まず、電子政府の推進が掲げられている。そのなかでもとりわけ、「年間申請件数の多い（年間申請件数一〇万件以上）手続、企業が行う頻度の高い手続、オンライン利用に関する企業ニーズの高い手続等のオンライン利用促進に向けた取組」について、「添付書類のオンライン化」は法務省と財務省、「オンライン利用の処理期間の短縮及び手数料の低減等」は全府省、「二四時間三六五日ノンストップサービスへ向けた取組」は法務省と財務省などといったかたちで、担当が明示されている。

八つの分野で提示されている個々の施策すべてについて、同様に取り扱われている。

二〇〇〇年のＩＴ基本法の成立から現在に至るまで、日本では、対象となる分野を徐々に広げ、さまざまな政策を作成してきた。たとえば、時代の流れも考慮して、「ＩＴ政策パッケージ―二〇〇五」のなかでは、遠隔医療をはじめ、偽造カードやフィッシングなどのＩＣＴによる社会問題や、災害時のＩＣＴ利用などにも言及されている。

これまでの過程をふりかえると、ＩＣＴの普及に対応した法律の整備、総花的な政策内容の決定という段階から、現在のように、具体的な政策内容の検討はもちろん、政策の決定と実施の段階へと歩を進めてきていることがわかる。一連の過程のなかで、国や地方自治体のみが主導的な役割を担うのではなく、むしろ民間が主導的な役割を担うことにより、政策の実施が順調になされる場面もあると考えられる。あるいは、官民が一体となってこそ実現しうる政策も数多く存在するだろう。

コミュニティでのeデモクラシーの実践

今日、実際のコミュニティでは、国や地方自治体、NPOや企業などが問題の発見や解決に向けて相互に作用している。その際に、ICTが新しい参加の手段と機会を提供しているのは、まぎれもない事実であろう。しかし、ICTを使えば事足りるというわけではない。ICTは決して万能ではない。

法律や政策をみていると、ICTの普及した社会でのさまざまな取り組みは、まだ「ハード」面ばかりが先行しており、「ソフト」面では未熟な部分も多くみられる。また、ICTによる人と人とのつながりという点を考えても、未知の可能性が広がっているように思う。

どのようにICTを使ったら、コミュニティに役立つか。理想的なコミュニティを実現するために、ICTがどのように役立つか。コミュニティにとって、ICTをどのように位置づけるべきか、などなど。

ICTによって人と人とのつながりが大きく変わった。コミュニティという場では、eデモクラシーが実践されている。少なくとも、これは目の前で起きている実際の姿なのである。

eデモクラシー・シリーズ

第1巻　eデモクラシー　岩崎正洋編　本体二五〇〇円

第2巻　電子投票　岩崎正洋著　本体二五〇〇円

第3巻　コミュニティ　岩崎正洋・河井孝仁・田中幹也編　本体二五〇〇円

日本経済評論社

編者紹介

岩崎正洋（いわさき・まさひろ）
杏林大学総合政策学部助教授
河井孝仁（かわい・たかよし）
東海大学文学部助教授
田中幹也（たなか・みきや）
e-デモ会議室代表者会議メンバー

eデモクラシー・シリーズ　第3巻
コミュニティ

2005年6月10日　第1刷発行

定価（本体2500円＋税）

編者　岩崎正洋
河井孝仁
田中幹也

発行者　栗原哲也

発行所　株式会社 日本経済評論社

〒101-0051 東京都千代田区神田神保町3-2
電話 03-3230-1661　FAX 03-3265-2993
振替 00130-3-157198

装幀＊奥定泰之　　シナノ印刷　根本製本

落丁本・乱丁本はお取替えいたします　Printed in Japan
© M. Iwasaki, T. Kawai, M. Tanaka, 2005
ISBN 4-8188-1741-4

Ⓡ〈日本複写権センター委託出版物〉
本書の全部または一部を無断で複写複製（コピー）することは，著作権法上での例外を除き，禁じられています．本書からの複写を希望される場合は，日本複写権センター（03-3401-2382）にご連絡ください．

執筆者紹介（執筆順）

寒川　裕（そうかわ・ひろむ）
NPO法人八千代オイコス理事

山本孝志（やまもと・たかし）
静岡レスキューサポート・バイクネットワーク

今在慶一朗（いまざい・けいいちろう）
北海道教育大学函館校助教授

野口智子（のぐち・ともこ）
東京大学大学院学際情報学府博士課程在籍.

土屋大洋（つちや・もとひろ）
慶應義塾大学大学院政策・メディア研究科助教授

木暮健太郎（こぐれ・けんたろう）
杏林大学・鎌倉女子大学非常勤講師

庄司昌彦（しょうじ・まさひこ）
国際大学グローバル・コミュニケーション・センター助手

IT 政策パッケージ-2005
―世界最先端のIT 国家の実現に向けて―

平成17年2月24日
IT 戦略本部決定

「我が国が5年以内（2005年）に世界最先端のIT国家となる」（「e-Japan 戦略」、2001年1月）――この目標を掲げて以来、4年余、IT 戦略本部を中心とし官民の総力を挙げ、通信インフラや電子商取引市場の整備など、さまざまな取組を実施してきた。その結果、我が国のIT 化は大いに進展した。今や我が国のインターネットは世界で最も速く、安くなり、また電子商取引市場は米国に次いで世界第2位の規模となるなど、目覚ましい成果を上げた。その一方で、電子政府、医療、教育分野などITの利用面においては、国民が安心して真にITの利便性を実感できるための課題が残されている。

目標の年を迎えた今、取組を緩めることなく、利用者の視点でラストスパートをかけるとともに、引き続き世界最先端であり続けるための取組を行ってゆく必要がある。このため、ここに「IT 政策パッケージ-2005」を策定し、行政サービス、医療、教育など国民に身近な分野を中心として取組をさらに強化するとともに、ITがもたらす問題点を克服する。「e-Japan 重点計画-2004」の確実な実施に加え、この政策パッケージを早急に実行することにより、IT 利用・活用を一層進め、国民がITによる変化と恩恵を実感できる社会の実現に向けて取り組んでゆく。

1. 行政サービス

（1）電子政府の推進

①年間申請件数の多い（年間申請件数10万件以上）手続、企業が行う頻度の高い手続、オンライン利用に関する企業ニーズの高い手続等のオンライン利用促進に向けた取組（関係府省）

ア）添付書類のオンライン化（法務省、財務省）

年間申請件数の多い（年間申請件数10万件以上）手続のうち、

特に、国民及び企業に身近な手続である登記については2005年8月末までに、国税については2005年度末までに、手続ごとに添付書類のオンライン化、省略及び撤廃について検討し対応方針を定める。添付書類をオンライン化するにあたって、特に法令改正を伴わない添付書類については、2005年末までにオンライン化を可能とするための所要の措置を講ずる。

イ）オンライン利用の処理期間の短縮及び手数料の低減等（全府省）

オンライン利用による処理期間の短縮等の国民・企業の利用を促進するための方策について、2005年度末までのできるだけ早期に結論を得る。これにより、オンライン申請に係る行政経費の低減を図り、適正に手数料に反映することにより、オンライン利用でない場合の手数料より安価な手数料を手続ごとに設定するとともに、既にオンライン利用でない場合の手数料よりも安価なオンライン利用の手数料を設定している手続についても、更に安価にすることについて検討を行うこととし、上記方策の実施にあわせて適用する。（対象手続は、下記エで定める手続とする。）

ウ）24時間365日ノンストップサービスへ向けた取組（法務省、財務省）

申請者の利便性を高めるため、登記、国税及び供託については、システムの安定的な稼動に留意しつつ、その運用状況、利用者ニーズ及びその運用コストを十分に踏まえ、24時間365日受け付けるノンストップサービス化の推進を図る方策について検討を行い、2005年中に結論を得る。

エ）行動計画の策定（全府省）

年間申請件数の多い（年間申請件数10万件以上）手続、企業が行う頻度の高い手続及びオンライン利用に関する企業ニーズの高い手続等を、2005年7月末までにオンライン利用促進対象手続として定め、「今後の行政改革の方針」（2004年12月24日　閣議決定）に基づき、利用促進のための行動計画を2005年度末までのできる限り早期に策定し、公表する。

②上記①に加え下記手続については、オンライン利用促進を加速するための、取り組みを行うこととする。

ア）登記（法務省）

・商業・法人登記のオンライン申請については、需要の多い登記所を中心にシステム導入を行い、2005年度末までに申請件数にして約60%以上をカバーする登記所において開始する。不動産登記のオンライン申請についても、同様に需要の多い登記所を中心に順次導入を図ることとし、商業・法人登記及び不動産登記の双方について、円滑なシステムの移行に努めるとともに、2008年度の出来るだけ早期に、全国の登記所のオンライン化を実現する。

・不動産登記のオンライン化に伴い、新たに登記申請における本人確認手段として導入される登記識別情報の有効性確認請求システムについて、利便性の向上を図るため、複数の登記識別情報の有効性確認の一括請求を可能にするためのシステム改修を2005年度末までに実施する。

イ）国税（財務省）

・国税の電子申請・納税については、2004年２月以降利用可能手続の拡大（同年９月）及び運用時間の拡大（同年11月）が図られてきているe-Taxについて、さらなる対象手続の拡大を検討し、2005年中に結論を得て、2006年４月までにオンライン申請を可能とする。

・内訳書や別表等の添付書類についてオンラインによる送信が可能となっているところであるが、2005年度末までに、手続ごとに添付書類のオンライン化、省略及び撤廃について検討し対応方針を定める。

・e-Taxを利用するために必要な開始届出書の提出から、実際に電子申請開始までの期間について、利用者のニーズや運用コスト等を十分に踏まえ、2005年末までに期間短縮について、検討を行い、結論を得る。

ウ）自動車保有関係手続（国土交通省、警察庁及び総務省）

・2005年12月から、オンライン申請が開始される新車新規登録については、2007年中を目標に全国において開始できるよう電子化によるワンストップサービス化を推進する。

・中古車の新規登録、移転登録、変更登録、抹消登録及び継続検査については、2008年末までのできるだけ早期を目標に全国に拡大する。

エ）供託（法務省）

・供託のオンライン申請については、2005年度末までに全ての供託所において開始する。

オ）旅券（外務省）

・旅券のオンライン申請を開始する都道府県に対しては、2005年度以降においても、利用者促進のための周知・広報等に取組み、早期に全都道府県でオンライン申請が可能となるよう必要な支援を行う。

③電子政府構築に向けた府省共通システム整備等の推進（内閣官房、財務省、総務省）

平成18年度から本格化する府省共通システムの開発や運用を効率的に実行するために必要な予算上の措置について18年度予算要求時を目途に検討を行う。

④FAL条約の締結など輸出入・港湾関連手続の最適化に向けた取組（財務省、法務省、外務省、厚生労働省、農林水産省、経済産業省、国土交通省）

ア）FAL条約（1965年の国際海上交通の簡易化に関する条約（仮称））の締結

輸出入・港湾関連団体等から強い要望のあったFAL条約（1965年の国際海上交通の簡易化に関する条約（仮称））の締結については、関係各省の手続の簡素化や申請書類の統一化を図ることにより、条約で規定された標準規定項目との相違数を先進国並に引き下げ、第162回通常国会に条約を提出し、2005年末までに締結を行う。

イ）各省統一申請書のオンライン化

輸出入・港湾関連手続の最適化に向けた取組として、各官庁統一申請様式を作成し、港湾関連手続については、2005年11月にオンライン受付を開始する。また、輸出入関連手続については、企業の自社システムから直接データとして送ること等を可能とする新たなインターフェースシステムを2004年度中に導入する。

ウ）輸出入・港湾関連手続の最適化に向けた取組

輸出入・港湾関係手続の最適化に向けた取組については、FAL条約の対象から外れる手続を含め、昨年11月16日の政務官

会議にて了承された工程表（FAL 条約など港湾関連手続の簡素化等に関する今後の進め方）に基づき、着実に推進するとともに、最適化計画を2005年度末までのできる限り早期に策定する。

⑤政府におけるオープンソースソフトウェアの活用促進（総務省、経済産業省）

オープンソースソフトウェアについては、政府における活用促進を図るため、CIO 連絡会議の下、総務省及び経済産業省が中心となって、2005年度早期に「オープンソースソフトウェアに係る政府調達の基本的な考え方（指針）」（仮称）を策定する。

⑥独立行政法人の業務・システム最適化（関係府省）

独立行政法人の運用する情報システムの最適化を実施するため、システムに要するコストの削減等業務運営の効率化を目的に、所管府省は、国の取組に準じて、主要業務・システムに係る監査の実施、刷新可能性調査の実施、最適化計画の策定と実施を中期目標に盛り込む等の措置を講ずる。また、最適化に当たっては、情報システム等に関する専門的知見を有する外部専門家の積極的な活用を図るよう要請する。

⑦法令等の行政情報の官報等による電子的提供の充実（内閣府及び全府省）

行政機関の諸活動に関する透明性を高め、開かれた行政の実現を一層推進するため、特に、法令の公布など国の機関紙として重要な役割を果たす官報については、独立行政法人国立印刷局におけるインターネットによる情報提供機能の更なる充実（印刷機能の付与等）を2005年４月１日に実施する。また、各府省ホームページにおいても、所管する法令一覧や新規制定又は改正した法令の全文、概要その他分かりやすい資料など基礎的な情報提供を引続き推進するとともに、2005年度早期に策定する行政情報の電子的提供業務に係る業務・システムの最適化計画に基づき、行政情報の充実・効率的な提供等を図る。

（２）電子自治体の推進

①住民生活に密着した行政サービスのオンライン利用促進（総務省）

公共施設の案内予約や粗大ゴミの収集申込等住民生活に密着した行政サービスについて、地方公共団体のポータルサイトからワンストップでアクセス・手続きを行うことができる等、住民の利便性の向上

を図る取組について、2005年末までのできる限り早期に検討を行い、その取組を一層促進する。

ITを活用して住民の利便性向上を図っている先進的な地方公共団体を公表するとともに、その成功事例を広く情報提供することにより、各地方公共団体においてオンライン利用に関する住民のニーズの高い行政サービスのオンライン利用を促進する。

②地方公共団体の業務・システムの標準化・共同化（総務省）

電子自治体業務の標準化・共同化により、業務・システム全体を最適化する観点から、ITを活用した業務改革を推進するとともに、電子自治体業務の共同処理センターの運用を民間に委託する「共同アウトソーシング」を推進し、低廉なコストで高い水準の運用を実現する。

2005年度のできる限り早期にすべての都道府県において共同化の取組に向けた体制を構築するとともに、各地方公共団体においては共同アウトソーシングの推進等による効率的な電子自治体の構築を推進する。

③地方公共団体等公共分野におけるアクセシビリティ確保支援（総務省）

地方公共団体等のホームページや電子申請サービス等について、アクセシビリティ対応状況等の実態を把握するとともに、アクセシビリティ確保のための評価手法・評価体制のモデル等を検討し、2005年中に結論を得て、地方公共団体等に提示する。

④ITを活用した地方行政への住民参画の促進（総務省）

ITの活用により地方行政への広範な住民参画を促進していくために、ITを活用した住民参画のあり方に関する検討を行うとともに、2005年度の早期に電子会議室等のモデルシステムの開発に着手する。

（3）電子政府・電子自治体の共通基盤の利用・活用の推進

①公的個人認証サービス・住民基本台帳ネットワークの利用・活用の推進（総務省）

ア）代理による行政手続等のオンライン化を促進するため、行政手続等の代理を行う行政書士、司法書士等の資格者が顧客の電子証明書の有効性確認を行うことができるよう、2005年度末までに制度面の整備を図る。

イ）公的個人認証サービスが場所を問わず、手軽に利用できるよう、2005年度中に携帯電話端末等による利用を想定したモデルシステムを開発・実証するなど、新たな活用方策を提示する。

②利用しやすいシステム整備の推進（総務省）

電子申請システムについては、高齢者や障害者を含めて誰もが利用しやすいよう、2005年度中に、e-Gov に整備する窓口システムについて、ウェブコンテンツに関する日本工業規格（JIS）に対応させるなどシステムの使いやすさ、分かりやすさ等に留意したシステム整備を行う。また、地方公共団体に対し、同様の取組を要請する。

③霞が関 WAN、LGWAN の積極的活用（総務省及び全府省）

電子行政推進国・地方公共団体協議会における議論をさらに活性化させるとともに、国の行政機関と地方公共団体との間のネットワークについては、原則として霞が関 WAN・総合行政ネットワーク（LGWAN）を活用することとし、各府省は2005年度末までのできる限り早期に策定する府省内ネットワーク最適化計画に具体的な移行計画を盛り込み、国・地方を通じた行政情報の共有化、業務の効率化を推進する。

④地上デジタルテレビ放送の積極的活用（総務省）

簡易なインタフェースを持つデジタル放送端末を活用し、電子政府・電子自治体サービスを提供するための基盤となるシステムについて、実証実験等の成果を踏まえつつ、2005年中を目処に、モデル的な仕様書を策定公表するとともに、その普及推進方策について検討し、結論を得る。

2. 医　　療

（1）診療報酬制度による医療の IT 化の一層の促進（厚生労働省）

保険医療機関における医療の IT 化（電子カルテ、遠隔医療、オーダリングシステム等）に係る診療報酬体系における評価の在り方について、2005年度末までに決定する。

（2）医療機関から審査支払機関に提出されるレセプトの電算化及びオンライン化の推進

①レセプト電算化の導入コストの低減

ア）レセプト電算処理システムの普及のため、レセプトコンピュータ

導入済みの病院に対応した、レセプト電算コードへの変換ツールを開発し、2005年度末までに提供を開始する。(厚生労働省)

イ) 2005年末までに、レセプトコンピュータのオープン化を図り、標準マスタの搭載を促進するとともに、他の院内システムとのマルチベンダー化を進めるため、基幹的な共通データベースフォーマットを構築する。(厚生労働省、経済産業省)

②レセプト電算化の導入インセンティブの付与(厚生労働省)

レセプト電算化に対応した医療機関に対するインセンティブについて検討を行い、2005年末までに結論を得る。

③オンライン化の普及推進(厚生労働省)

医療機関及び審査支払機関におけるセキュリティ等を十分確保した上で、オンライン請求を2004年度末までに開始し、オンライン化のメリット等を周知するなどして、その普及推進を図る。

(3) 審査支払機関から保険者に提出されるレセプトの電算化の実現(厚生労働省)

①審査支払機関から保険者に提出されるレセプトの電算化

保険者等における個人情報保護の適正な取扱いを確保した上で、保険者の求めに応じ、審査支払機関から保険者への電子データによるレセプトの提出を2005年末までに開始する。

②保険者におけるレセプト電算化への対応に係る負担の軽減

ア) 保険者における電子レセプトの閲覧等の利用を容易にするための環境整備を2005年末までに図る。

イ) 保険者が審査支払機関に支払う手数料について、審査支払機関から保険者に対するレセプトの受け渡し形式に応じた経費を適切に反映した上で、受け渡し形式ごとに定めることについて検討するよう審査支払機関及び保険者を指導することを2005年中に行う。

(4) レセプトデータ等の有効活用による医療の質の向上(厚生労働省)

保険者等における個人情報保護の適正な取扱いを確保した上で、個人情報を除くレセプトの医療データについては、医療の質の向上を図る観点から、レセプト情報の電子化を前提として、簡易かつ有効に活用できる方法を研究・検討し、2005年度末までに結論を得る。

(5) 電子カルテの普及促進

①電子カルテの標準化の推進(厚生労働省、経済産業省)

標準的電子カルテに求められる情報項目、機能等の基本要件、用語・コードの標準化及びメンテナンス体制のあり方、標準的電子カルテが導入された場合の医療に対する効果や経済的な効果の評価方法等を2005年5月までに明示するとともに、標準的電子カルテの基本要件を踏まえた基幹的なインターフェースの構築等、互換性確保のための措置を2005年末までに実施する。

②電子カルテの導入及び運用に係る負担の軽減（厚生労働省）

地域中核病院等に Web 型電子カルテを導入することにより、診療所等の電子カルテ利用を支援する新規事業を2005年度に実施する。

（6）遠隔医療の推進

①遠隔医療に詳しい人材の育成（経済産業省）

管理者層に対し、遠隔医療等の知識を習得させるための人材育成プログラムを2005年末までに作成する。

②遠隔医療システムの基盤整備（経済産業省）

診断医の不足している病理診断に関し、コンサルテーションが行えるような技術基盤の整備及び普及方策の策定を2005年3月までに行い、普及を推進する。

③公立病院等における遠隔医療システム導入の推進（総務省、厚生労働省）

僻地等における高度先進医療の充実を図るため、公立病院等が遠隔画像診断・遠隔病理診断を地域公共ネットワーク上で展開するシステム構築の推進をめざし、そのための体制と方策を2005年中に確立する。

（7）IT を利用した医療情報の連携活用の促進（厚生労働省）

①医療における公開鍵基盤の早期整備

医療分野における PKI（Public Key Infrastructure：公開鍵基盤）認証局、医師免許に関する電子台帳等を2005年度末までに整備する。

②医療に係る文書の電子化の早期実現

ア）医療分野で運用される文書の実効性のある電子化を図るため、2005年5月にとりまとめる標準的電子カルテのあり方の検討結果を踏まえて、医療文書の標準化を推進するための方策等について、2005年度から早期に検討を開始する。

イ）患者等の要望と個人情報保護を前提とし、処方せんに記載されて

いる情報の電子的共有等、関係機関が医療安全推進の観点から適切なネットワーク連携を行うための具体方策等に係る研究を2005年度に実施する。

③保険医療機関受診時における保険証の有効性検証の実現

被保険者が保険医療機関で受診した際に、保険医療機関が保険証の有効性を検証できるような環境整備について推進方策を検討し、2005年度に結論を得る。

（8）ユビキタス健康医療の実現（総務省）

電子タグ、センサーネットワーク技術等によるユビキタス医療技術を活用した医療事故の防止や医療材料等の管理のためのシステムの開発並びに利用環境整備に関する研究開発計画を2005年中に作成し、早期に実施する。

（9）医療機関における管理者層に対するIT教育の促進（経済産業省）

管理者層に対し、医療情報技術の利用と病院経営の関係を把握させるためのモデルプログラムを2005年末までに開発して試行するとともに、試行を踏まえ、CIOの役割、位置付け等について検討を行う。

3. 教育・人材

（1）学校教育の情報化の推進

①学校のIT環境の整備の推進（内閣官房、文部科学省、総務省、経済産業省）

2005年度中に、ITを活用した効果的な教育の実現に不可欠な学校のIT環境の整備を加速するため、地方自治体、民間企業・団体、ボランティア等の連携による「教室のネットワーク化運動（ネットデイ）」に対する支援や、普通教室のネットワーク化に活用可能な各種技術の開発・普及の促進のほか、活用可能な様々な制度・事業を利用するなど、校内LANの整備等学校の情報化を積極的に推進する。

②情報モラル教育の推進（文部科学省）

子どもたちが情報社会に主体的に対応できるよう、2005年度中に、情報モラルやマナーについての効果的な指導手法を検討し、その指導手法を実際にモデル校で実施するとともに、教員向けの指導資料の作成・配布等により指導手法の普及を図る。

③教育用コンテンツの整備と活用（文部科学省）

教育情報ナショナルセンターにおける各種の教育用コンテンツや教育支援情報について、2005年度においても、その情報数を２万件増加するとともに、利用者の利便性向上のため、その機能の高度化と、運用の強化を図る。また、教育用コンテンツ活用の推進に向けた実践研究を実施する。

④教員の評価に関し IT 活用能力の観点の導入（文部科学省）

情報に関する指導の充実を図るため、公立学校の教員の評価に関し IT 活用能力を観点としてとり入れる工夫をすることについて、地方公共団体の検討を促す。

⑤大学入試試験における情報科目の導入促進（文部科学省）

各大学の入学者選抜において、それぞれの特性に応じ、「情報」科目を導入することを促進するとともに、センター試験への「情報」科目の導入について、2005年度中に高等学校の履修状況や各大学の入試の実態等を踏まえつつ、その導入条件の明確化について検討する。

（２）高度な IT 人材の育成

①産学官連携による高度 IT 人材育成の推進と体制整備（内閣官房、総務省、文部科学省、厚生労働省、経済産業省）

我が国産業の国際競争力を強化するため、産業界で必要とする高度 IT 人材が質・量ともに確実に育成できるよう、2005年度末までに、産学官連携による体制を整備し、達成すべき政策目標、スケジュール等のロードマップ等を検討し、基本的な方向性を明らかにするとともに、以下の施策を推進する。

ア）産学連携による大学での教育訓練の拡大と成果の活用（経済産業省）

産業界が教育の充実の検討・実践に協力する産学協同実践的 IT 教育支援事業による大学の教育訓練を20件以上とするとともに、この経験を踏まえたスキルやカリキュラム等の育成手法の開発を推進し、大学等の自主的な取組に資する。

イ）高度 IT 人材の育成手法の検討・開発（総務省、経済産業省）

戦略的情報化を担える人材育成のため、そのカリキュラム等の育成手法の検討を行うとともに、モデル教材を開発する。

ウ）スキルの標準化（経済産業省）

IT を調達する側における調達能力の強化を図るため、IT スキ

ル標準を基盤とした調達のためのスキルを体系化した「調達スキル標準」（仮称）を2005年度中に策定する。

エ）高度なIT社会構築をリードする人材育成のための職業訓練の展開（厚生労働省）

ITとものづくりを融合した分野における高度な技術・技能者、高度な情報通信技術者やeビジネスに従事するホワイトカラー等の高度な人材育成を図る先導的な職業訓練を2005年度も引き続き展開する。

オ）産学連携による人材育成モデルの構築とその成果の活用（文部科学省）

大学間、産学間の組織的な枠を超えて連携する、高度な人材育成を行うための大学を核とした有用な人材育成モデルの構築を検討する。

②オープンソースソフトウェアを活用したIT人材の育成（内閣官房、文部科学省、総務省、経済産業省）

オープンソースソフトウェアの教育効果に鑑み、各大学等において、オープンソースソフトウェアを積極的に活用することを推進し、IT人材の育成を図る。

（3）生涯学習の推進

①誰でもいつでも能力向上を行う機会の提供（経済産業省、文部科学省、厚生労働省）

2005年度中に、フリーター等が、いつでもどこでも手軽に職業能力の向上ができるeラーニングを活用した学習支援システムの仕組みの構築を目指し、実証的なモデル事業を行うとともに、eラーニングに関する情報を提供する仕組みの整備等を通じ、eラーニング活用促進のための環境整備を図る。

②地域の情報拠点としての図書館機能の検討（文部科学省）

住民に身近な地域の情報拠点として、医療・法律・ビジネスに関する情報提供等の多様な図書館サービスの促進を図るため、2005年度中に今後の図書館の在り方についての検討を行うとともに、引き続き図書館司書の能力の向上を図る。

4. 生　活

（1）安全・安心の確保

①偽造カード、フィッシング等ITがもたらす社会問題の克服

ア）IT化の進展に伴う新たな社会問題に適切に対応するための各府省連携体制の強化（内閣官房及び関係府省）

IT化の進展に伴い、インターネット上の違法・有害情報やフィッシング等の新たな社会問題が発生していることに鑑み、これらの課題に迅速かつ適切に対応するため、政府部内で国内外の情報を収集・共有するとともに、対応策を検討し、その対策を広く国民に周知することにより安全、安心なIT社会の実現を目指す。

イ）フィッシング対策の推進（警察庁、総務省、経済産業省）

2005年中に、ネット上で個人情報を詐取する「フィッシング」について、効果的な対応策を検討するとともに、国民への注意喚起の仕組みを構築する。また「フィッシング」の取締りの一層の強化を図る。

ウ）迷惑メール対策の推進（総務省、経済産業省、警察庁）

2005年早期に「特定電子メールの送信の適正化等に関する法律」の一部改正案を国会に提出するとともに、同法及び「特定商取引に関する法律」に基づく取組等を推進することにより、巧妙化、悪質化する迷惑メールの対策を一層強化する。

②災害時におけるITの活用促進

ア）大規模災害時対応体制の整備（総務省、警察庁）

被災地域等の住民に警報等を伝達するために有効な防災行政無線の整備を促進するとともに、被災地域で必要とされる、デジタル防災無線およびヘリコプターテレビ受信装置を2005年3月までに緊急性が高い地域において整備し、かつヘリコプターテレビ電送システムの整備を促進する。また、夜間における被災情報の収集に必要となる赤外線暗視装置付ヘリコプターテレビシステム、交通や通信が途絶した地域においても情報収集と現地対策本部等への報告等を可能とするための災害情報収集・伝達システム、災害時に派遣された職員等が自らの位置を確認するためのGPS位置表示装置等の早急な整備を図る。

さらに、複数の大規模災害が同時期に発生した場合にも、円滑に広域応援に係るオペレーションが可能となるよう、消防防災・危機管理センターの設備を整備拡充するとともに、消防庁保有の衛星車載局車のデジタル化を図る。

イ）大規模災害発生時の政府の応急対策支援活動の円滑化（内閣府）

大規模災害発生地域に対する支援体制を政府が迅速に構築するため、現地対応者と災害に関する情報交換を、直接かつ、より円滑に実施できるよう、ITを効果的に利用した衛星通信システムを2005年早期に導入する。さらに、各地域との災害に関する情報交換体制を強化するため、同システムの全国9地域への早期配備を推進する。

ウ）地震防災対策に係る地域における携帯電話サービスエリアの拡大（総務省）

災害時に貴重な役割を果たす携帯電話のサービスエリアについて、特に、原則として2004年度中に国が地震防災対策に係る地域として指定している地域における移動通信用鉄塔施設の整備を支援する。

③ユビキタスネットワーク技術を活用した先進的な食の安全・安心システムの確立（農林水産省、総務省及び経済産業省）

トレーサビリティによる取組が進んでいる中で、幅広い食品を対象とした先進的な食の安全・安心システムを確立するため、生産流通過程におけるリスク管理の強化や消費者への充実した食品情報提供を行うためのシステムに係る研究開発を進め、2005年度から順次普及を図る。

④生体認証技術を活用した出入国管理等の強化（内閣官房、警察庁、法務省、外務省及び関係府省）

日本人を対象にICAO標準に準拠したIC旅券を2005年度中に導入するとともに、引き続き、更なる出入国審査・空港手続きの迅速化・厳格化のため、自動化ゲートシステムの検証等生体認証技術の活用を図る。また、テロリストの入国阻止等を目的として、入国審査時に外国人の指紋採取及び写真撮影を行うことを内容とする出入国管理及び難民認定法の改正案を、2006年の国会に提出すべく、2005年においては、制度導入に当たっての課題について、諸外国の動向や個人情報の

保護にも留意しつつ検討する。

（２）移動・交通の利便性と安全性の向上

①ITS の高度化に向けた取り組み（警察庁、総務省、経済産業省、国土交通省）

ア）交通事故防止のための運転支援システムの推進（警察庁、総務省、国土交通省）

ITS の高度化により交通の安全を高めるため、自動車の安全性向上を引き続き推進するとともに、自動車単体では対応できない事故への対策として、車車間及び路車間通信等の通信技術を活用した運転支援システムの実現に向けて、産学官が連携し2005年度中に安全運転支援システム及び走行支援システムの社会実験に加え、研究開発等を行う。更に海外の動向を踏まえる等国際間の情報交換も行いつつ、強力な体制で推進する。

イ）狭域通信（DSRC）システムの推進（総務省、経済産業省、国土交通省）

ETC で導入されている狭域通信（DSRC）システムを利用した駐車場やガソリンスタンド等における料金決済など多様な ITS サービスの早期実現に向け、2005年度中に、官民連携の下、基本的なサービスメニューの策定等の検討を行うとともに、共同研究を推進し規格・仕様を策定する。

ウ）高精度な道路交通情報提供の推進（警察庁、総務省、国土交通省）

より高精度な道路交通情報提供のため、道路交通情報の収集インフラの整備を推進するとともに、インフラからの情報を補完するものとして、VICS 車載機を活用した自動車からの情報（プローブ情報）の収集等について産学官が連携を図り、2005年度中に規格・仕様を策定する。

エ）ETC の推進（国土交通省）

ETC 利用者に特化した多様な料金施策やスマートインターチェンジ（ETC 専用インターチェンジ）の導入等により、ETC の利用を促進し、2005年春までに ETC 利用率を有料道路利用者の50％程度まで引き上げる。

②障害者や高齢者等の安全で円滑な移動支援（警察庁、総務省、厚生労

働省、経済産業省、国土交通省）

すべての人々が安心して快適に移動できる環境づくりを目指し、視覚障害者等の利用の多い信号交差点等を中心に歩行者等支援情報通信システムの整備を引き続き推進するとともに、道路上の案内板や誘導ブロックに設置した電子タグ等と携帯端末との通信により、移動に関する情報を利用者のニーズに応じて提供、交換できるシステムについて、2005年度に実証実験を行う。

③ e-Passport の推進（内閣官房、警察庁、法務省、外務省、財務省、経済産業省、国土交通省）

パスポートのIC化を引き続き進めるとともに、国際互換性の高いシステムの構築に向けて、パスポートの認証基盤、読取り装置等の仕様の作成・検証を行う。また、出入国審査、チェックイン、その他の空港手続について、安全性・厳格性を確保しつつ、迅速・便利な手続きを実現するとの観点から、空港手続き全般の中でのICカード等の活用について、必要機能の抽出、制度上の課題の検討、技術的な検証等を行う。

④安全かつ効率的な国際海上コンテナ物流の実現（国土交通省及び関係府省）

電子タグ等のITを活用することにより、国際物流のセキュリティ強化と効率化の両立を実現するため、貨物情報の的確な把握及びその流れの円滑化を推進する。このため、施策の基本的方向及び具体的対策等を取りまとめるとともに、その有効性検証のための実証実験を2005年度に行う。

（3）家庭内の電力線の高速通信への活用（総務省）

電力線搬送通信設備からの漏えい電波が無線通信や放送等へ及ぼす影響について、漏えい電波低減技術に関する実験の実施を促進するとともに、実用上の問題の有無を2005年中に明らかにできるよう、関係者を交えた技術的な検討を進める。

5. 電子商取引

（1）事業活動においてITの利用を阻害する残された課題への取組（内閣官房及び関係府省）

事業活動におけるITの利用を推進するために以下の事項に取り組む

とともに、事業活動のIT化に係る規制の見直し状況等を2005年３月末までに総点検し、民間におけるニーズを踏まえ、2005年末までに残された課題の解決に取り組む。

・民法・中間法人及びNPO法人の総会議決権行使等を電子的方法でも可能とするため、2005年度末までに法制上の措置を講じる（内閣府及び法務省）。
・信用金庫において電子的方法による総会議決権行使を可能とするため、2005年度末までに法制上の措置を講じる（金融庁）。
・銀行の決算公告、信託業務に係る公告及び保険会社が行う公告を電子的方法でも可能とするため、2005年度末までに法制上の措置を講じる（金融庁）。

（２）ITの利用・活用による中小企業の活性化

①中小企業の連携支援（経済産業省）

異なった分野の経営資源を有する中小企業同士がIT等を活用し、強みを相互補完しながら高付加価値の製品等を創出する新たな連携を推進するため、中小企業新事業活動促進法（仮称）の認定を受けた異分野連携新事業分野開拓計画に参加する中小企業に対して支援を行うとともに、2005年春までに各地域に新連携支援地域戦略会議（仮称）を設置し、支援体制を整備する。

②中小企業の経営革新支援（経済産業省）

IT利用・活用の促進によって中小企業の経営革新を進めるため、2005年末までの参加者２万人を目指してIT経営応援隊による普及啓発等を実施するほか、2005年度から、中小企業において必要となるCIO機能の明確化及びその育成に必要な教育プログラムの整備を行う。

③中小企業の資金調達環境の整備（法務省、経済産業省、金融庁及び関係府省）

電子的手段による債権譲渡の推進によって中小企業等の資金調達環境を整備するため、中小企業のニーズを踏まえながら、電子債権を活用したビジネスモデルについて検討するとともに、電子債権法（仮称）の制定に向けた検討を進め、2005年中に制度の骨格を明らかにする。

6. 情報セキュリティ・個人情報保護

（1）情報セキュリティ問題に取り組む政府の役割・機能の見直し（内閣官房）

「情報セキュリティ問題に取り組む政府の役割・機能の見直しに向けて」（平成16年12月7日）にて決定した「情報セキュリティ政策会議（仮称）」及び「国家情報セキュリティセンター（仮称）」を中心とした体制整備を早急に進め、政府統一的・横断的な体制での活動を開始する。また、情報セキュリティ基本問題委員会において、残された課題の検討を加速化させる。

（2）個人情報保護の推進（内閣府、金融庁、警察庁、総務省、法務省、文部科学省、厚生労働省、経済産業省及び関係府省）

個人情報保護法の全面施行（平成17年4月1日）を円滑に行うため、「個人情報の保護に関する基本方針」（平成16年4月2日閣議決定）に基づき、法制度の周知徹底、苦情の円滑な処理の推進等を図る。

また、民間部門における個人情報の漏えい、いわゆる情報横領、情報窃盗に関する処罰のあり方について、政府全体として論点の整理・検討を行う。

（3）地方公共団体の個人情報保護・情報セキュリティ対策の推進（総務省）

すべての地方公共団体において個人情報保護条例を制定し、情報セキュリティポリシーを策定するとともに、情報セキュリティ監査の実施を推進する。

また、2005年度中に地方公共団体の情報セキュリティレベルを評価する仕組み等について検討を行い、当該検討結果を踏まえた必要な支援を行うこと等により、地方公共団体における個人情報保護・情報セキュリティ対策の取組を一層促進する。

7. 国際政策

（1）アジアを中心としたIT国際政策における対象分野・対象国の重点化（内閣官房及び関係府省）

「アジアを中心としたIT国際政策の基本的考え方」（平成16年9月10日IT戦略本部決定）に基づき、我が国のアジアを中心としたIT国際政策について、各国のITの熟度、IT連携のポテンシャル等を踏まえ

つつ、2005年度に重点的に取り組む対象分野・対象国を定める。我が国は、IT 国際協力を関係府省の連携の下で総合的に推進し、アジア発の国際標準、IT 利用・活用モデルの構築等を図りつつ、アジア全域での高度情報通信ネットワーク社会構築に積極的に貢献する。(別添)

また、インド洋地域における津波早期警戒メカニズム構築に向け、積極的に貢献する。

8. 研究開発

2006年度以降、世界最先端の地位を維持するためには、さらなる先端的研究開発への取り組みを強化する必要がある。先端的な研究開発の取り組みにより、新たな市場の創出、生活の質的向上、環境負荷の低減等を目指すとともに、我が国は、IT 研究の世界の中心の一つとして世界最高レベルの研究者、エンジニアが活躍する場を提供していくことが重要である。

このため、モバイル、無線、光、デバイス、ソフトウェアエンジニアリング、電子タグ、セキュリティ等の IT を支える基盤的技術や IT 応用分野でのたゆまぬ研究開発を進めるとともに、日本発の標準化を推進することなどにより、グローバルな IT 社会構築に積極的に貢献する。

以上の施策のほか、重点的に取り組むべき施策を別紙に取りまとめた。

【別紙】

1. 行政サービス

（1）電子政府の推進

①各府省情報化統括責任者（CIO）補佐官の機能強化（内閣官房、総務省及び全府省）

情報システム等に関する専門的知見を有する各府省のCIO補佐官について、更に積極的な活用を図っていくため、CIO連絡会議の下、内閣官房及び総務省が中心となって、これまでの各府省における活用実績等を把握・分析し、CIO補佐官の機能強化のための方策について検討を行い、2005年度早期に結論を得て、各府省において順次実施に移す。

②一般事務業務へのオープンソースソフトウェアの導入（経済産業省）

経済産業省において、職員の一般事務業務に係るIT利用環境をオープンソフトウェアベースで構築し、具体的な業務に活用することにより、一般事務業務にオープンソースソフトウェアを導入した場合の課題を抽出し、その対応策を2005年末までにとりまとめる。

③物品調達等の業務・システムの外部委託化に係る条件及び手法の確定（経済産業省）

物品調達、物品管理、謝金・諸手当、補助金及び旅費の各業務・システムについて、最適化計画に基づき、各府省が各業務・システムの外部委託化を行うことができるようにするため、経済産業省は外部委託に向けた取組を行い、その成果を外部委託化を進める場合の条件及び手法として、2005年度末までにとりまとめる。

④プロジェクト・マネジメント・オフィス等の導入（経済産業省）

最適化実施に関する指針、最適化実施の評価に関する指針等の策定に資するため、経済産業省は、1）最適化計画策定から、システム調達の実施、システム開発、システム運用までの工程管理を行う「プロジェクト・マネジメント・オフィス」、2）民間企業の成功事例も参考にして、情報システム投資に係る計測可能な指標を設定することを主な内容とする「業績参照モデル」、3）民間企業等の成功事例等を広く収集・分析し、データ、ソフトウェアコンポーネント及び技術に関する3種類の「参照モデル」を試行的に導入し、その成果をガイ

ドラインとして2005年11月末までにとりまとめる。

⑤年金情報のオンラインによる提供の推進（厚生労働省）

国民年金及び厚生年金の年金加入状況や年金見込額に関する照会について、厳格な本人確認を行いつつ、インターネットによる回答を行うサービスの提供を推進する。

なお、本人確認については、公的個人認証サービスを活用することとし、所要の検討を行う。

（2）電子自治体の推進

①地方公共団体のオンライン利用促進に向けた取組（総務省及び関係府省）

地方公共団体が取扱う手続のうち主要な申請・届出等手続についてのオンライン化をすべての地方公共団体においてできる限り早期に実現できるよう引き続き必要な支援を行う等、行政手続のオンライン化に係る地方公共団体の取組を一層促進する。

②次世代地域情報プラットフォームの技術開発（総務省）

ワンストップサービスや官民ポータルの構築、自治体におけるレガシー改革等に資するシステム連携基盤「次世代地域情報プラットフォーム」について、2005年中に技術開発に着手し、システム・インタフェイス、システム連携技術等の標準化を図る。

③地域公共ネットワークの整備推進及び全国的な接続（総務省）

学校、図書館、公民館、市役所などを高速・超高速で接続する地域公共ネットワークの全国的な普及について、2005年度までの実現を目指し、地方公共団体等への支援を行うとともに、地域公共ネットワークと都道府県情報ハイウェイの接続等による全国的な公共ブロードバンド・ネットワーク構築を推進するため、接続に関する標準仕様の策定など、必要な施策について2005年末までに結論を得る。

④公共的なアプリケーションの共同構築・運用（総務省及び関係府省）

防災・有事・テロ等の危機管理、教育、医療などの公共的なアプリケーションについて、2005年中に着手する防災アプリケーションをはじめ、全国展開すべき標準的なアプリケーションを順次構築するとともに、国及び地方公共団体は、こうしたアプリケーションを公共ネットワーク上で共同運用し、利用・活用を図る。

⑤地域情報化ナレッジベースの構築（総務省）

地域情報化に関する先進的な取組事例をデータベースとして集約し、情報共有化を図るため、2005年中に共通の知識基盤であるナレッジマネジメントシステムを構築し、運用を開始する。

⑥自治体CIOの育成（総務省）

電子自治体、レガシー改革、業務改革（BPR)、地域情報化などに総合的に対応できる自治体CIOを育成するため、自治体におけるシステム設計、プロジェクトマネジメント等に関する研修教材を開発し、2005年中に研修を開始する。

⑦地域情報化総合支援の推進（総務省）

住民視点に立った地域課題解決の促進を図るため、ハード・ソフト一体となった情報化計画の採択及び同計画に位置づけられた事業に対する支援を2005年度早期より実施することにより、地域の提案に基づくIT利用・活用及び情報通信基盤の整備を推進する。

（3）電子政府・電子自治体の共通基盤の利用・活用の推進

①公的個人認証サービス・住民基本台帳ネットワークの利用・活用の推進

ア）公的個人認証サービスの利用・活用を推進するため、e-Govに整備する窓口システムにおいて、2005年度中に公的個人認証サービスの利用を可能とする機能を実現する。また、同窓口システムの利用に伴う各府省の電子申請システムの見直しについては、原則として2006年度末までに対応する。さらに、地方公共団体に対しても必要な支援を行う等その取組を促進する。（総務省及び全府省）

イ）特定認証業務を行う金融機関等による口座開設時等の本人確認資料としての公的個人認証サービスによる電子証明書の導入等について2005年度末までのできる限り早期に結論を得る。（総務省、金融庁及び関係府省）

ウ）市区町村に対して、住民基本台帳カードの多目的利用の推進を要請する。また、健康保険証等との連携など、さらなる利用・活用方法について検討を加速化する。（総務省及び関係府省）

エ）個人事業主等の利用促進に資するよう、電子入札システムにおける公的個人認証サービスの利用を可能とするための方策について検討を行い、2005年度末までのできる限り早期に結論を得る。

（総務省、国土交通省及び関係府省）

オ）国民年金・厚生年金の受給権者の現況確認や不動産登記の申請手続への利用をはじめ、法令に基づいて、住民基本台帳ネットワークシステムの利用・活用を促進する。（総務省及び全府省）

②霞が関 WAN、LGWAN の積極的活用

ア）国と地方公共団体間の文書交換は、原則として電子的に行うこととし、各府省における地方公共団体との電子文書交換の利用状況を2005年４月以降、定期的に調査・公表するとともに、当該調査結果を活用すること等により、霞が関 WAN、総合行政ネットワーク（LGWAN）の利用・活用を一層推進する。（総務省及び全府省）

イ）国と地方公共団体間の情報交換を円滑に進めるためのデータ交換の手法の検討を行い、国・地方公共団体間におけるデータ共有システムを2005年末までに開発し、霞が関 WAN、総合行政ネットワーク（LGWAN）を活用した国・地方公共団体を通じた業務の効率化を推進する。（総務省）

③文字コード標準化の推進とデータベースの運用（経済産業省及び関係府省）

住基ネット統一文字、戸籍統一文字の重複関係を整理、体系化したデータベースを2005年末までに開発する。また、現在構築中の登記統一文字について、2006年度末までに、このデータベースとの整合性を図ることとする。さらに、データベースの具体的な運用方法について関係府省で検討を行い、2005年末までのできる限り早期に結論を得る。

④住民向けワンストップサービス実証に向けた官民連携ポータルサイトの構築支援（総務省、経済産業省）

地方自治体、重要インフラ等の民間企業が連携し、官民の生活関連サービスに係る申請、申込み、問い合わせ等を一元的に取り扱い、処理するため、2005年度に、個人情報保護、個人認証の適切なあり方、各主体のデータの整合性の検討結果をふまえ、現行の技術を活用した官民連携ポータルの実証試験を行い、ワンストップサービスの今後の展開のための技術面等の対応策を2005年度末までにとりまとめる。

（４）政府のデジタルコンテンツのアーカイブ化の推進（内閣官房及び全府省）

国立国会図書館におけるネットワーク系電子出版物の収集やデジタルアーカイブの統合ポータルサイトの構築等の取り組みを活用し、国等の有するデジタルコンテンツのアーカイブ化を一層強化するため、デジタルアーカイブの推進に関する関係省庁連絡会議において、政府等のデジタルアーカイブ構築・運用に関する基本方針を2005年中に策定する。

2. 医　　療

（1）多面的かつ信頼性の高い情報の提供の促進（厚生労働省）

①治癒率等の成果（アウトカム）情報の公開に向けた環境整備の推進

国民に対して信頼性の高い各種情報が提供され、患者の選択の支援に資するよう、治癒率等の成果指標の研究等を2005年に重点的に行う。

②国民に対する医療情報提供の推進

EBM（Evidence Based Medicine：根拠に基づいた医療）を推進するため、学会等が整備した優先20疾患（急性心筋梗塞、胃がん、高血圧症など）の診療ガイドラインや関連する文献等に関する情報を提供する事業については、2005年度には医療提供者向けの情報に加え一般国民向けの情報の充実を図る。

（2）ITを利用した医療情報の連携活用の促進

①医療に係る文書の電子保存の早期実現（厚生労働省）

診療録等の電子保存及び外部保存、個人情報保護法を踏まえた医療情報システムの安全管理措置に関連したセキュリティガイドラインについて、2005年6月までに作成し、公表する。

②医療情報のセキュリティを確保する高度なネットワーク基盤の実現（総務省）

医療情報の安全・円滑な流通を実現するため、医療機関がインターネット上で、診療情報等の重要な個人情報を保護しながら、柔軟・自在・容易に多地点間で通信を行うことを可能とするネットワークを構築するための技術の研究開発を2005年度に重点的に推進し、実証実験を行う。

3. 教育・人材

（1）学校教育の情報化の推進

①学校における校務処理のIT化の推進（経済産業省、文部科学省）

2005年度末までに校務処理におけるIT 化の効果を明らかにするとともに、教員のIT 環境整備について検討を行う。

②学校でのIT 活用高度化のための外部人材の登用拡大（文部科学省）

IT 環境および教育用コンテンツの高度化と、それらを活用し教育効果を向上させるため、学校における外部人材の登用拡大について、2005年度中にその促進を図る。

③初等中等教育へのオープンソースソフトウェアの導入（経済産業省）

初等中等教育におけるIT 環境の選択肢の拡大を図るため、2005年度において、初等中等教育の現場へのオープンソースソフトウェアの適応性及び有効性を検証し、1,000名以上の児童・生徒が利用した成果をもとに、オープンソースソフトウェアベースのIT の利用・活用環境の更なる改善を図る。

（2）高度なIT 人材の育成

①「プロフェッショナル・コミュニティ」の設置（経済産業省）

プロジェクトマネージャー、IT アーキテクトなどの分野で卓越したスキルを有する人材が業界横断的に後進の指導育成を行う「プロフェッショナル・コミュニティ」を、2005年度末までに 5 つの職種について設置する。

②高度IT 人材の早期育成（経済産業省）

ソフトウェアの仕組み等を深く理解した高度なIT 人材を育成するため、2005年度中において、主として20歳未満の若手人材を対象に、オープンソースをベースとした高度IT 教育を行うとともに、実践的な情報セキュリティ教育を実施する。

③高度専門職の継続的な知識向上のための環境整備の促進（関係府省）

弁護士、公認会計士、弁理士、医師、司法書士、税理士等の高度で専門な知識を必要とする職業において継続的に知識の向上を図れるよう、IT を活用した遠隔教育等の環境整備の促進を図る。

4. 生　活

（1）安全・安心の確保

①地方公共団体等の公共ネットワークを活用した防災アプリケーションの展開（総務省）

地域公共ネットワークと都道府県情報ハイウェイの接続等に係る実

証実験により、全国的な公共ブロードバンド・ネットワークを形成する技術の確立を図り、このネットワークを有効に活用できる動画像を活用した標準的な防災アプリケーションを2005年中に試験導入する。

②防災等公共分野における地上デジタル放送の利用・活用の推進（総務省）

防災等公共分野における地上デジタル放送の高度な利用・活用を推進し、2005年度末頃までの携帯端末向け放送の実用化を図る。

（2）移動・交通の利便性と安全性の向上

①愛・地球博における世界最先端のITS社会の提示

ITSの普及と更なる発展を目指すため、2005年の愛・地球博において下記施策を含めた世界最先端のITS社会を提示する。

ア）狭域通信（DSRC）技術を活用した多様なサービスの提供（総務省、経済産業省、国土交通省）

イ）狭域通信（DSRC）技術の多目的利用推進を図るため、DSRCによる情報提供、駐車場入出庫管理、料金決済等のサービスに関する実証実験を行う。また、車両のナンバープレートにICチップを導入したスマートプレートを利用したシャトルバスの個車識別のデモンストレーションを行う。

観客輸送バスの優先信号制御や運行管理の支援およびリアルタイムの位置情報の提供（警察庁、国土交通省）

観客輸送バスへの優先信号制御や運行管理の支援により交通流の円滑化を図るとともに、バス利用者に対し経路選択の支援やリアルタイムに位置情報の提供を行う。

ウ）障害者・高齢者・外国人旅行者等の安全で円滑な移動支援（経済産業省、国土交通省）

障害者、高齢者、外国人旅行者等に対するIT機器を用いた誘導等のシステムの実証実験を行う。

エ）ITSにおける高速インターネットの実現（総務省、経済産業省）

ITS関連情報を有機的に統合するとともに、最先端の高速無線インターネット環境と連携し、インターネットITSサービスを提供する。

②様々な通信メディアを用いて自動車から情報を収集するプローブのあり方についての検討（警察庁、総務省、経済産業省、国土交通省）

携帯電話等の様々な通信メディアを用いて自動車から情報を収集するプローブのあり方について、産学官の連携を視野に、2005年度中に検討を開始する。

5. 情報セキュリティ・個人情報保護

（1）情報セキュリティ

①サイバー犯罪・サイバーテロ対策の推進（警察庁）

サイバー犯罪及びサイバーテロ対策を一層強化するため、2005年度において、ボットネット（攻撃者の命令に基づき動作するプログラム（ボット）に感染したコンピュータ群及び攻撃者の命令を送信する指令サーバからなるネットワーク）をはじめとする新たな技術的脅威への対応の推進及び国際捜査協力等の体制強化を実施するとともに、インターネット観測システムの高度化等、必要な装備資機材の充実・強化を図る。また、関係者向けのセミナーを開催し、事案対処に必要となる情報の共有及び人材の育成に努める。

②サイバー犯罪及びサイバーテロの未然防止、被害拡大防止を適切に行い得る人材の育成推進（警察庁）

サイバー犯罪及びサイバーテロ対策に関する対処を的確に実施できる人材を育成するため、関係者向けに、これらの未然防止、被害拡大防止に係る技術・知識の習得を目的とした情報セキュリティセミナーや対処訓練等を積極的に実施する。

③情報セキュリティ人材の育成推進（総務省）

コンピュータウイルスやサイバー攻撃による被害の拡大や不正アクセスによる情報漏洩等を防ぐ情報セキュリティ人材の育成に向け、2005年度中において、実機を使用した実践的な研修を推進する。

④企業における情報セキュリティ対策の推進（経済産業省）

企業における情報セキュリティ対策を底上げするため、適正な対策水準を提示する情報セキュリティ対策ベンチマーク、企業の情報開示に資する情報セキュリティ報告書モデル、事業継続計画策定のためのガイドラインを策定し、2005年度中に広く普及を図る。

【別添】

2005年度アジアを中心としたIT国際政策に係る重点施策について

「アジアを中心としたIT国際政策の基本的考え方」（平成16年9月10日IT戦略本部決定）に基づき、我が国のIT国際政策について以下の通り重点的に取り組むこととし、こうした分野・対象国に対するプロジェクトについては、公的資金の活用等の政府の支援において重点化を図る等、十分配慮することとする。

1. 基本的考え方

アジア全体のIT化を促進する観点から、安全で低廉なネットワークインフラや経済、産業、社会、生活等の改善に資するシステムの整備とともに、IT分野のアジアの共通基盤としての人材育成を重視する。また、アジアの人・物・金・サービス・情報の流れを円滑にし、域内の経済連携の強化に資するシステムの構築を重視する。

協力の相手国については、我が国との経済交流の度合い、地理的要素、ITの熟度、IT連携のポテンシャル等各国の状況を踏まえ、施策の目的に応じ、対象国の重点化を図ることとし、次のような取組を行う。

・ITインフラ整備、IT利用・活用が進んでいる国や高度なIT人材・技術を有する、いわゆるIT先進国との間では、アジア発の高度なIT社会構築に資するため、IT分野での様々な国際標準化の推進、研究開発協力、アプリケーションの共同開発等、高次元の協力を進める。

・地方部におけるITインフラ整備等に課題を残しつつも、都市部等においてはIT先進国に準じる整備が進むとともにITの利用・活用を積極的に推進しようとしている国との間では、ITの恩典が広く国民に行き渡るためのIT基盤整備や電子政府、防災、遠隔教育等、公共分野のITシステム構築を中心に協力を進める。

・国内基幹網等のITインフラ整備、IT利用・活用が進んでいない国との間では、ネットワークインフラ、IT人材といったIT基盤の整備に重点をおいた協力を進める。さらには、ITを巡る政策・制度等についても協力を進める。

IT政策

こうしたIT国際政策の重点化、先導的・積極的取組を進めることにより、我が国は、アジア全域での高度情報通信ネットワーク社会構築に積極的貢献を行う。

2. 対象分野・対象国の重点化

アジアITイニシアティブ、アジア・ブロードバンド計画等、中期的IT国際政策を引き続き推進するとともに、2005年度に優先的に推進すべき重点分野及び対象国を下記の通りとする。また、ODAの制度及び運用の改善を踏まえ、IT分野の発展途上国における円滑なプロジェクト形成を図ることとする。

また、プロジェクトの形成・実施については、府省間の連携促進、政府と実施機関との連携促進、相手国政府との対話の促進等を図りつつ、総合的に推進することにより、IT国際政策の効果の最大化を図る。

（1）中国・韓国

中国は国内にデジタルデバイド問題を抱えながらも、IT産業の成功等、IT化において既に高度な段階に達している。また、韓国はハードウェアやブロードバンド利用の面において世界のIT先進国である。こうしたことから、中国や韓国との間で高次元のIT協力を進めることにより、アジア発の高度なIT社会構築に向けた取組を進める。

このため、日中韓の協力によって、高度で高速なネットワークの構築のための共同実験や国際標準化を推進する。具体的には、IPv6関連機器の実証研究や利用促進のための協力、次世代移動通信や電子タグに関する研究開発・国際標準化、デジタル放送に関する協力、情報ネットワークセキュリティに関する協力、オープンソースソフトウェア（OSS）の研究開発・利用促進・国際標準化について、国際的に先導的な取組を連携して進める。

IT化の進展の一方で、両国は海賊版をはじめとするデジタルコンテンツの知的財産権の取り扱いや、サイバー犯罪への取組が喫緊の課題となっている。海賊版等による我が国等の知的財産権の侵害やサイバー犯罪の防止等の観点から、日中韓の著作権関係協議を通じた情報交換、著作権に関する研修・啓発活動への協力等を進めるとともに、サイバー犯罪の捜査技術協力・情報交換等を進める。

（2）東南アジア地域

東南アジア地域は、我が国との政治的・経済的及び社会的側面で深い関わりを持っており、域内での人・物・金・サービス・情報の円滑な交流は、日本とASEANのみならず、アジアの経済・社会発展に大きく寄与することから、我が国として二国間、多国間の国際協力を進めることとする。

シンガポールは特に利用・活用の面を中心に世界のIT先進国となっているとともに、ITの先進的な取組における実験場としても活躍している。このため、シンガポールとの協力においては我が国の高度なIT技術とシンガポールの機動性が共鳴するような先進的なIT領域、例えばICカードの国際標準化、電子タグ、無線通信技術、さらには遠隔教育、遠隔医療、電子商取引といったアプリケーション開発での協力を進め、アジア発のIT利用・活用モデルの構築を進める。

マレーシアは地方のインフラ整備に課題を残すものの、都市部においては、国際的に遜色のないIT基盤が整備され、また、国際的なIT企業の進出も進んでいる。こうしたことからマレーシアとの間では、教育や公共分野のIT利用・活用モデル、国際標準化、IT人材育成の推進に協力する。

インドネシア、フィリピン、タイ等に対しては、我が国の持つIT技術やシステムの積極的な提供を推進する。特に、遠隔教育、遠隔医療、災害監視システム、農業支援、電子政府・電子自治体等、社会経済生活の安全や高度化に資する公共分野のシステム構築について、高度なIT人材育成や地方におけるIT基盤の整備と合わせ協力することとし、そのための官民対話を進め、具体的プロジェクト形成を図る。

これらの国々においては、交通分野、国境通行証、eパスポート等でICカードの利用が始まっている。ICカードの利用・活用分野に協力することにより、域内での円滑な人の移動を促進するとともに、こうした分野での国際標準化の推進に貢献する。

カンボジア、ラオス、ミャンマー、ベトナムにおいてはデジタルデバイド解消が喫緊の課題となっており、ASEANにおけるIT社会構築の取組を我が国として積極的に支援するため、人材育成、デジタルデバイド解消に向けた協力を進めることとし、ネットワークインフラ整備やIT研修施設等を通じたIT人材の育成について協力を進める。また、こうした国々においては、IT基盤整備のための政策担当者が十分ではないことから、

各国のIT社会構築の育成のリーダーとなる政策担当者の育成支援に取り組むことが必要であり、我が国への招聘研修等を通じた人材育成を進める。

このうち、ベトナムについては、ITの発展が相当程度進んできていることから、ベトナムのIT産業自立に向けた高度なIT人材育成、中核的IT教育施設への協力を進める。具体的には、我が国の産学官及びベトナムの高等教育機関が協力する高度IT人材育成プロジェクトを推進することとし、留学を通じた我が国学位の授与を含む総合的な人材育成を推進する。また、ネットワークアクセスの改善を図るとともに、電子政府や遠隔教育等、公共分野でのシステム構築のための支援に取り組む。さらには、カンボジア、ラオスのIT人材育成のための日越協力を進める。

カンボジア、ラオス等については、ネットワーク基幹インフラ構築、特に大都市間を接続する基幹網及び海外との回線接続を中心に支援を行うこととする。この際、こうしたインフラの当該国における主体的・自立的な運用可能性について十分検討を行う。

上述のカンボジア、ラオス、ミャンマー、ベトナムといった国々は、メコン地域に存在している。この地域のデジタルデバイドを解消し、経済成長・発展に向けた基盤づくりを進めることがアジアの発展に重要であるが、このためには、各国に対する個別の取組を行うことに加え、日ASEAN特別首脳会議（2003年12月）において提唱されたメコン地域開発をも踏まえつつ、メコン地域において経済発展が最も進んでいるタイとも協力してこの地域のIT発展に取り組むことが効率的である。具体的には、OSS分野での協力、現地語化・自然言語処理に関する協力等を進める。

（3）その他の地域

インドは世界のソフトウェア市場において重要な位置を占めるものの、日本とのソフトウェア貿易は低い状態にとどまっている。これを改善し、日印間のIT協力を推進するために、両国政府間の定期的な政策対話・情報交換を行うとともに、両国のIT産業の交流のための情報提供や交流事業を推進する。また、IT分野の研究開発や国際標準化の推進に協力する。

パキスタン、バングラデシュ、モンゴルその他のアジア地域の多くでは、国内基幹網のITインフラ整備、IT利用・活用が進んでいないことから、主としてインフラ、人材等のIT基盤についての協力に重点をおく。また、こうした国々においては、IT基盤の整備のための政策担当者が十分では

ないことから、各国のIT社会構築の育成のリーダーとなる政策担当者の育成支援に取り組むことが必要であり、我が国への招聘研修等を通じた人材育成を進める。

（4） 多国間協力

アジア域内さらには他地域との情報流通を拡大するための環境構築に向け、アジア域内での多国間協力を進めることが必要である。このため、ネットワークインフラやIT人材といったIT基盤整備、国際標準化・相互運用性確保、遠隔教育・遠隔医療等のアプリケーション開発、OSSの利用促進、知的財産権保護、サイバー犯罪対策の強化等、広範な分野で国際機関の枠組みも活用しつつ多国間協力を進めることとする。2005年度はこのうち喫緊の課題として、下記の領域に重点的に取り組む。

①IT人材育成促進

IT技術者のスキル標準について引き続きアジアにおける協力を進め、IT人材の相互交流の基盤を形成する。この際、先進国との間では、相互のITスキル標準の交換を進め、また、ベトナム等の途上国との間では、これを基礎とした人材育成への協力を進める。また、国際共同研究等を通じた高度なIT人材育成に取り組む。

②オープンソースソフトウェア（OSS）の推進

デジタルデバイドの解消、人材育成及び特定技術への依存の回避等の観点からOSS等のアジアにおける振興を図る。この際、IT先進国との関係では、民間等における共同した技術開発環境の整備、国際標準化の推進を図るとともに、途上国等における利用を促進する観点から、人材育成、現地語化の支援等を行う。またアジア各国が参加するOSSに関する国際会議を定期的に開催する等、OSS振興の環境整備に努める。

③eパスポートの展開

2005年から本格的に導入される我が国のIC旅券に連携して、我が国の連携実証実験の成果等を踏まえ、我が国のeパスポート技術のアジアへの展開を図り、アジアにおける人の移動の効率化に資する。

④研究開発における協力

IPv6、多言語翻訳・多言語処理技術、遠隔教育・遠隔医療分野等において研究開発・実証実験を推進するとともに、研究開発分野における情報交流・人材交流を進める。

⑤知的財産権保護の協力推進

国内外のソフトウェア産業やコンテンツ産業の健全な成長・発展に資する環境整備のため、セミナーの開催等を通じた知的財産権の保護に関する啓発、教育等に関する協力を進める。この際、世界貿易機関（WTO)、世界知的所有権機関（WIPO）等の国際機関との連携を進める。

⑥情報セキュリティ・サイバー犯罪対策の協力推進

国境を越えて問題となる情報セキュリティやサイバー犯罪対策について情報交換を進めるとともに、その技術者育成について検討を進める。

⑦災害情報ネットワーク、警戒システムの構築推進

アジア地域における災害発生の情報を迅速に伝達するためのネットワークの構築を支援する。また、地震、津波等についての我が国のノウハウを活用した警戒システムの構築を支援する。特に、インド洋地域における津波早期警戒メカニズム構築に向け、各国内における情報伝達ネットワーク構築への支援を含め、積極的に貢献する。

（5）その他

①IT 指標の共通化

アジアさらには世界におけるIT 社会構築のためには、その成熟度の物差しとなる指標の共通化が必要であるが、現在アジアにおいては必ずしも共通の指標が存在せず、国際機関、調査企業等のデータを利用している状況にある。アジア各国のIT 政策を踏まえたアジア共通の「e-Asia 戦略」の検討の前段階として、アジアにおけるIT 指標の共通化について検討する場の醸成に努める。

②我が国のIT 戦略の取組と成果、得られたノウハウの提供

e-Japan 戦略を軸として我が国が推進してきたその取組と達成した成果等について広く各国に提供する等、紹介活動を推進する。また、必要に応じて我が国より人材の派遣等を行い、アジア各国のIT 政策立案に資する。

③愛知万博でのプレゼンテーション

2005年に我が国において開催される愛知万博を活用し、我が国の最先端技術についてアジア各国等の理解を深める。